성과를
만드는
기적

성과를 만드는 기적

발행일	2019년 1월 15일

지은이	박 상 규		
펴낸이	손 형 국		
펴낸곳	(주)북랩		
편집인	선일영	편집	오경진, 권혁신, 최승헌, 최예은, 김경무
디자인	이현수, 김민하, 한수희, 김윤주, 허지혜	제작	박기성, 황동현, 구성우, 정성배
마케팅	김회란, 박진관, 조하라		
출판등록	2004. 12. 1(제2012-000051호)		
주소	서울시 금천구 가산디지털 1로 168, 우림라이온스밸리 B동 B113, 114호		
홈페이지	www.book.co.kr		
전화번호	(02)2026-5777	팩스	(02)2026-5747

ISBN   979-11-6299-493-1 03320 (종이책)   979-11-6299-494-8 05320 (전자책)

이 도서의 국립중앙도서관 출판예정도서목록(CIP)은 서지정보유통지원시스템 홈페이지(http://seoji.nl.go.kr)와
국가자료공동목록시스템(http://www.nl.go.kr/kolisnet)에서 이용하실 수 있습니다.
(CIP제어번호: CIP2018042325)

당신을 고성과자로 만드는
촌철살인 경영 잠언

성과를 만드는 기적

박상규 지음

고성과자는,

무엇을 보는지보다 어떻게 보는지를 중시한다.
책상머리를 지키지 않고 몸을 움직인다.
꾀부리지 않고 목표달성을 위해 몸부림친다.
시간을 한정된 자원으로 생각하고 아껴 쓴다.
성과 창출에 필요한 모든 것이 자기 안에 있다고 믿는다.

북랩 book Lab

일러두기

실적만 강조하다 보니 실적과 성과를 혼동하는 경우가 있습니다. 실적과 성과는 엄연히 다릅니다. 실적은 '내가 열심히 노력해서 얻은 결과'를 말하고, 성과는 '그 일을 통해 원하는 결과를 얻는 것'을 말합니다. 실적은 성과에 있어 가장 중요하지만, 실적이 모든 성과를 말하는 것은 아닙니다.

특별히 소중한 _____에게
이 책을 드립니다.

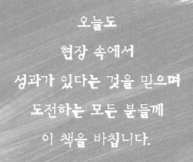

오늘도
현장 속에서
성과가 있다는 것을 믿으며
도전하는 모든 분들께
이 책을 바칩니다.

나를 지켜 주는
기업과 조직은 없습니다.
성과만이
나를 기억하고 지켜 줄 뿐입니다.

시작하면서

프랑스에는 "개와 늑대의 시간"이라는 말이 있습니다. 하루에 두 번, 이른 새벽과 붉은 태양의 빛이 어둠과 교차하는 시간을 말합니다. 해 질 녘 지평선으로 사라지는 태양이 모든 사물을 붉게 물들일 때 언덕 너머로 분간할 수 없는 희미한 그림자 하나가 다가오는데, 그것이 내가 기르던 개인지, 아니면 나를 해치러 오는 늑대인지 알 수 없어 기대와 불안이 교차하는 시간입니다. 지금 개인과 기업은 미래의 불확실한 상황 속에서 긴장의 끈을 놓지 말아야 한다는 지혜가 담겨 있는 이 이야기를 주목할 필요가 있습니다.

지금 한국 경제는 대내외적으로 어려운 환경에 처해 있습니다. 무기력증에 빠져 가야 할 길을 잃고, 침체의 터널은 굶주린 악어처럼 큰 입을 벌리고 기업을 집어삼키려 하고 있습니다. 불황이 무서운 건 중간층을 없애 버리고 강자만을 남긴다는 데 있습니다. 즉, 더불어 살 수 있는 구조가 아닌 진짜 실력자만 생존할 수 있다는 말입니다. 그럼 진짜 실력자, 불황에도 버틸 수 있는 승자는 누구입니까? 그건 바로 '위기 속에서 성과를 창출하는 기업과 조직, 그리고 사람들'입니다.

전쟁 때 살아남을 수 있는 유일한 길은 전쟁에서 이기는 것입니다. 이와 마찬가지로 사회의 정글 속에서 개인과 기업이 지탱할 수 있는 답은 성과고, 성과가 곧 실력입니다. 불편하지만 현실이고, 이 현실을 외면할 수 없습니다. 이처럼 불확실성의 현시대를 헤쳐 나가 성과를 올릴 수 있는 현명한 답을 제시해 주는 효과적인 자기 계발 책이 필요했고, 이 책은 그렇게 탄생했습니다.

나폴레옹은 "전쟁터에서 사기의 힘은 물리적 힘보다 세 배의 영향력을 발휘한다."고 했습니다. 매일매일 성과의 전쟁 속에서 힘과 용기를 주는 온기 있는 따뜻한 한마디는, 때론 업무의 생산성을 향상시키는 비법보다 훨씬 큰 힘을 발휘합니다. 개인과 기업이 성과를 높이는 데 필요한 것이 무엇인지 마음을 움직이는 짧은 문장을 통해 이 책이 답을 제시하고자 합니다.

『성과를 만드는 기적』은 누구나 공감하며 읽을 수 있는 짧은 글로 구성되어 있습니다. 성과가 필요한 모든 분들, 특히 CEO와 중간 관리자는 아침 조회 시간 또는 회의 시간에 직원들에게 희망과 용기를 줄 수 있는 글을 쉽게 찾아 사용할 수도 있을 것입니다.

영양이 풍부한 맛있는 음식을 만들기 위해서는 여러 가지 싱싱한 재료와 레시피, 정성이 잘 어우러져야 하듯, 성과 창출은 결코 목표와 실천만 필요한 게 아니라 감사부터 지혜까지 다양하게 있어야 합니다.

원하는 만큼 성과를 창출하고 싶다면 지구의 모든 것을 들었다 놨다 할 수 있는 마음 밭을 잘 가꾸고, 목표하는 곳을 올바른 시선으로 바라볼 수 있도록 긍정의 마음을 가져야 합니다. 긍정적인 생각은 성과를 올리기 위한 중요한 연료이자 인화성이 강한 단어입니다. 그러한 긍정의 마음으로 나아가다 보면 '희망'도 절로 따라올 것입니다. 그렇게 꿈과 목표를 갖고 실천해 나가면, 그저 바라만 봤던 목표의 성과가 하나씩 현실로 다가오면서 마침내 기적을 맛보게 될 것입니다.

자기 계발에는 중요한 비밀이 하나 있습니다. 전 세계 유명한 베스트셀러 책도 예외는 아닙니다. 자기 계발 책은 유익한 정보를 제공하거나, 변화를 이끌어내는 도구로 활용될 뿐, 실천을 통해 성과를 만들어 내는 것은 '본인 스스로'라는 것을 절대 잊지 말아야 합니다.

직원은 기업에 재능을 기부하는 자원봉사자가 아닙니다. 받은 그 이상의 성과를 만들어야 할 거룩한 의무가 있고, 기업은 이익을 내야 하며, 생존을 위해 반드시 성과가 필요합니다.

이 책이 성과를 원하는 모든 분들께 마중물 역할을 하는 도구로 활용되고, 정해진 시간 안에 원하는 성과를 손쉽게 들어 올리는 지렛대로 쓰이길 바랍니다. 또한 미래를 위해 도전하는 계기를 만들고, 희망과 동행하며 힘들 때 여백을 만들어 가까운 곳에서 늘 독자 여러분의 사랑을 받길 소망합니다.

대전의 한 도서관에서

박상규

성과를 올리고 싶다면
먼저 건강부터 챙기십시오.
그 이유는
건강을 잃으면 만사가 귀찮아지고,
삶과 일에 대한 의욕이 떨어져
성과를 창출하지 못하기 때문입니다.
안타깝지만
기업은 나의 건강을 지켜 주지 않습니다.
내 건강은 내가 관리해야 합니다.
또한 정신과 육체가 건강하지 않다면
아무것도 이룰 수도, 지킬 수도 없습니다.
삶의 기쁨과 즐거움 역시
건강에서 나온다는 것을 잊지 마십시오.

위로가 필요한 순간,

'일어나라, 희망을 가져라'라는

설익은 위로는 사실

열린 마음이 아니면 다가오지 않고

울림 또한 없습니다.

마음이 닫혀 있다면, 아무리 좋은 글도

마음속에 들어갈 수 없습니다.

그저 눈으로만 읽고 스쳐 보내는

하나의 글에 불과합니다.

그러나 긍정의 생각으로 마음을 열고,

할 수 있다는 희망의 눈동자로

글을 읽다 보면

글들이 새롭게 다가올 것입니다.

그중 유독

마음속으로 들어오는 글이 있다면

하나라도 꼭! 붙들고 실천하십시오.

성과의 정상 자리는

항상 여러분을 기다리고 있습니다.

이 책을 읽고 행동하는 순간,
당신은
성과의 주변을 맴도는 구경꾼이 아니라
당당히 주인공이 될 것입니다.

목차

1.
성과를
만드는
내일

감사와 긍정

: 혹독한 성과의 겨울을 견딜 수 있는 난로와 이불

멍든 가슴, 지쳐 있는 어깨, 가슴을 짓누르는 압박감에 답답한 출근 시간. 이렇듯 늘 불안한 현실 속에서 셰익스피어의 『햄릿(Hamlet)』에 나오는 대사를 떠올려 봅니다.

"세상에는 좋고 나쁜 게 있는 것이 아니라, 내가 생각하기에 따라 그렇게 느껴질 뿐이다."

환경은 내 맘대로 바꾸지 못하지만, 마음의 자세는 내 뜻대로 바꿀 수 있고, 내가 어떻게 생각하느냐에 따라 모든 것이 달라집니다.

오늘도 성과 전쟁터로 나가기 위해 준비해야 하는 첫 번째는 바로 '감사'입니다. 그 이유는 성과를 위해 '긍정'이 꼭 필요한데, 감사는 긍정적인 감정을 인지하고 생산해 내기 때문입니다. 긍정을 갖기 위해 우선 작은 것에서부터 감사를 찾아보기 바랍니다. 건강해서 감사, 출근할 직장이 있고 자녀, 배우자가 있어 감사 등. 당연하고 아주 사소한 것에도 감사하는 마음은 긍정으로 가는 디딤돌이며, 도마 위의 칼자국처럼 상처 난 가슴을 치료해 줄 효과 좋은 치료약입니다. 감사가 많다고 느낄 때부터 주변의 사물이 아름답게 보이고 삶이 행복하게 변화될 것입니다.

감사가 있다면 긍정적인 생각이 자연스럽게 스며들 것입니다. 긍정의 효과는 여러 가지 사례에서 증명이 되었습니다. 메트로폴리탄 생명보험의 사장으로부터 유능한 세일즈맨 선발 방법을 의뢰받은 심리학자 '마틴 셀리그만' 박사는 성공한 세일즈맨과 실패한 세일즈맨 사이에서 결정적인 차이를 한 가지 발견했는데, 그건 바로 '긍정'이었습니다. 입사 1년 후 낙관적인 사원은 실적이 3,087달러인 반면, 비관적인 사원은 1,962달러에 그쳤습니다. 낙관적인 사원이 57% 더 높은 계약 실적을 올렸으며, 입사 후 2년 차에는 차이가 더 심해 낙관적인 직원이 그렇지 않은 직원보다 638%나 높은 실적을 올렸습니다. (『행복도 선택이다』, 이민규, 더난, 2012)

부정적인 생각은 두려움이나 스트레스로 전환됩니다. 스트레스는 혈당을 높이고 면역력을 저하시키며, 심혈관 질환 위험을 높이고 신체의 균형을 무너뜨려 감염 위험을 증가시킵니다. 건강과 성과라는 두 마리 토끼를 잡기 위해서도 긍정은 꼭 필요합니다. 긍정은 성과를 올리기 위한 중요한 핵심 부품이며 마음의 안전띠입니다. 매사에 긍정적으로 생각하십시오. 긍정적인 생각은 행동하게 하고, 그 행동이 성과를 만들어 냅니다.

감사는 긍정을, 긍정은 희망을,
희망은 내일의 성과를 만들어 냅니다.
감사는 위기를 기회로 바꾸는
'축복의 단어'입니다.

• 감사는 긍정적인 생각을 생산하는 샘터입니다. 작은 것부터 감사를 찾을 때, 감사는 모든 마음을 열어 주는 '열쇠'가 될 것입니다. 긍정적인 생각을 갖는 첫걸음은 바로 감사할 것을 찾는 것입니다.

• 감사의 표현은 사람의 사기를 높이고, 긍정적인 행동 변화를 이끌어냅니다. 그 변화의 행동이 성과로 이어집니다. 성과의 출발은 감사부터 찾는 것입니다.

• 감사는 긍정과 희망의 기초입니다. 평상시 감사한 마음을 유지하고, 부정적인 생각과 감정에서 벗어날 수 있도록 노력해야 합니다. 명상보다 감사함을 느낄 때 '뇌파 호르몬'이 안정된다고 뇌 과학자들은 말합니다. 성과라는 큰 산을 들어 올리는 시작은 바로 감사하는 것입니다.

• 감사는 고통과 분노를 치유할 힘이 있으며, 불평을 긍정으로 역전시킬 수 있는 능력이 있습니다. 감사는 성과를 올리는 '불쏘시개' 역할도 합니다. 우리는 이미 많은 것을 갖고 있는데 감사를 잊고 살고 있습니다. 작은 것에도 감사를 느낄 때 직장과 삶이 점점 더 행복해질 것입니다.

- 내가 하고 있는 일에 불만이 쌓여 얼굴이 어둡다면 그건 마음속에 감사가 없어서입니다. 긍정에 한발 다가가기 위해 감사를 회복해야 합니다. 감사는 긍정 에너지를 생산하고 오랫동안 지속시켜 줍니다. 지금 이 글을 읽을 수 있는 여러분은 전 세계 10억 명보다 운이 좋은 사람입니다. 작은 것에도 감사하십시오. 감사는 거저 얻는 것이 아니라 계속 찾고 노력하는 사람에게 주어지는 '선물'입니다.

- 직장과 삶 속에 슬픔의 고통이, 시련의 아픔이 없다면 작은 것에도 감사하는 마음을 가질 수 없습니다. 고통의 신음이 무엇인지 아는 사람은 감사의 느낌이 남다릅니다. 직장 생활 속에서 감사가 많다는 것은 성과를 향해 순항하고 있다는 증거입니다.

- 많은 사람들이 행복하지 못한 건 가지고 있는 것에 감사하기보다 가지고 있지 않은 것에 더 신경 쓰기 때문입니다. 감사하십시오, 세상이 더 아름다워 보입니다.

- '로버트 에몬스' 교수는 감사 일기를 꾸준히 쓰는 그룹과 그렇지 않은 그룹을 비교했습니다. 감사 일기를 쓰는 그룹은 신체적 질병을 앓는 경우가 거의 없었고, 삶에 대해 좋은 감정이 있었습니다. 그리고 미래에 대해 낙관적인 태도를 보이며 늘 에너지가 넘쳤고, 유쾌함을 유지했습니다. 감사를 꾸준히 적으면 '회복탄력성'(역경과 시련, 실패를 오히려 도약의 발판으로 삼아 더 높이 뛰어오르는 마음의 근력)이 생기고 스트레스가 감소하며, 삶의 무게를 견디는 힘이 생겨납니다. 매일매일 감사를 찾아야 합니다.

- 감사는 우리에게 부족한 것이 무엇인지 찾기 전에 우리에게 있는 것이 무엇인지 먼저 알려 줍니다. 감사를 항상 잊지 않고 간직할 때 부정적인 생각은 자리를 차지할 수 없습니다. 가슴속에 박혀 있는 가시를 제거하고 싶다면, 더 나은 성과에 도전하고 싶다면, 불평의 자리에 감사를 넣어야 합니다.

- 감사를 잃어버린 시대에 살고 있습니다. 물질의 풍요함과 편안함에 익숙해 작은 불편함도 견디지 못하며 살고 있습니다. 감사를 통해 나를 돌아볼 때 마음에 평안이 찾아옵니다. 더불어 마음의 휴식을 통해 다시 한 번 성과의 담을 뛰어넘을 수 있는 힘이 생겨납니다. 감사하십시오. 지속적인 성과를 위해서도 감사는 중요한 '감초'입니다.

- 독일 대기근이 있었을 때 한 부자가 가난한 아이들에게 빵을 나눠 주었습니다. 그 부자는 아이들에게 "하나씩만 가지고 가고 내일 또 오면 빵을 주마."라고 했습니다. 말이 끝나자마자 아이들은 큰 빵을 골라 집으로 돌아갔습니다. 마지막 남은 작은 빵을 집어 든 소녀는 "할아버지 감사합니다."라는 인사를 하고 돌아갔습니다. 다음 날도 어제와 같이 아이들은 빵을 들고 집으로 갔고, 그 소녀는 마지막 남은 빵을 들고 고맙다는 인사를 하고 돌아갔습니다. 집에 도착한 소녀는 부모님하고 빵을 나눠 먹기 위해 빵을 쪼갰습니다. 그런데 그 속에 은화가 들어 있었습니다. 놀란 소녀가 부자에게 찾아가자, 부자는 이렇게 말했습니다. "감사할 줄 아는 착한 아이에게 상을 준 거란다." 작은 성과도 소중하게 생각하고 감사하십시오. 세상에 당연한 것은 없습니다. 모두 고마운 것입니다.

척박한 사막에 시들어 가는
나의 마음을 살릴 수 있는 물은
'감사의 물'입니다.
감사의 물을 마시면
다시 일어설 수 있습니다.

• 세종 때 우의정까지 지낸 '유관'은 학문과 문장이 뛰어나며, 성품이 매우 청렴하고 청빈하였습니다. 그가 얼마나 청빈한지 우의정을 지내기 전까지만 해도 울타리도, 대문도 없는 초가집에 제때 지붕을 덮지 못해 군데군데 하늘이 보일 만큼 구멍이 뚫린 곳에 살고 있었습니다. 장마철이 되어 비를 피해 이리저리 옮겨 앉으며 비를 피하다, 많은 비가 쏟아져 우산을 받쳐 들고 아내와 마주 앉아서야 겨우 비를 피할 수 있게 되었습니다. 잔뜩 화가 나 있는 아내에게 유관은 "여보! 그래도 우리는 우산이 있으니 심한 비를 피할 수 있는 것 아니오. 우산이 없는 집은 오죽하겠소. 그러니 감사합시다."라고 말했습니다. 불편과 불만 속에 감사를 넣으니 마음에 여유와 평안이 찾아옵니다. 감사란 긍정과 희망의 씨앗입니다. 그 긍정과 희망에서 나오는 열매가 바로 성과입니다.

• 성과를 위해 필요한 여러 요소 중 한 축이 무너지거나 한쪽으로 쏠릴 때 바로잡아 줄 수 있는 것이 바로 감사입니다. 마음의 평정심을 유지하는 데도 감사만한 좋은 안전망, 파수꾼은 없습니다.

- 미국 시골의 한 여교사는 자동차 왕 헨리 포드에게 피아노를 구입할 수 있도록 1천 달러를 기부해 달라고 간곡한 편지를 보냈습니다. 포드는 의례적인 요청으로 알고 적은 돈을 보냈고, 여교사는 그 돈으로 땅콩 종자를 사서 농사를 지어 수확한 땅콩을 감사 편지와 함께 포드에게 보냈습니다. 이에 감동한 포드는 1만 달러를 기부했습니다. 비록 적은 돈이지만 감사할 줄 아는 여교사의 생각과 행동이 포드의 마음을 움직인 것입니다. 작은 감사의 씨앗이 큰 감사의 열매를 맺습니다.

- 서양에서는 일상의 불편함을 '신발 속의 돌멩이'라고 합니다. 신발은 마음이고 돌멩이는 상처입니다. 마음 문제는 마음으로 다스려야 하는데, 첫 번째 치료제는 역시 감사입니다. 감사는 감사를 부르고 덤으로 행복, 행운도 부릅니다. 감사가 습관이 되도록 훈련해 보십시오. 감사는 삶에 긍정 에너지를 공급하는 발전소 역할을 합니다.

긍정의 생각과 말은 용기를 주고,

그 용기는 역량을 향상시키며,

그 역량이 성과를 창출합니다.

- 칭기즈칸이 정복 전쟁을 활발히 벌이고 있을 때 천막에서 참모들과 아침을 먹고 있는데, 식탁의 다리가 부러져 먹고 있던 음식이 전부 땅에 쏟아져 버렸습니다. 참모들과 책사들은 앞다투어 "전투를 앞두고 불길한 징조이니 후퇴 후 후일을 도모하소서."라고 말했습니다. 이때 칭기즈칸은 "불길하기는, 그 징조는 이제 더 이상 들판에서 식사하지 않아도 된다는 승리의 징조일 뿐이다."라고 말했습니다. (『있는 그대로 나를 바라보기』, 이동연, 평단, 2013) 우리는 매일매일 수많은 선택을 하면서 살아갑니다. 오늘은 어떤 선택을 하시겠습니까? 긍정은 사람을 움직이게 합니다. 그 움직임 속에서 성과가 연기처럼 솟아날 것입니다.

- 동굴과 터널의 차이점을 아십니까? 동굴은 막혀 있고, 터널은 뚫려 있습니다. 또한 터널은 돌아가지 않고 빠르게 갈 수 있는 지름길입니다. 지금 어두운 터널의 길을 걷고 있어도, 긍정과 희망이라는 횃불을 갖고 가면 시원하게 뚫려 있는 터널의 끝을 바로 보게 될 것입니다. 걱정하지 마십시오. 터널의 끝은 생각하는 것만큼 그리 멀리 있지 않습니다.

- 어느 왕이 길에 큰 돌을 놓고 그 돌 밑에 황금을 숨겨 놓았습니다. 길을 가는 사람마다 돌로 인해 불평을 터트리며 돌을 피해 돌아가고 있을 때, 한 사람이 그 돌을 옆으로 옮겨 놓았습니다. 당연히 황금은 돌을 옮긴 자의 몫입니다. 직장과 사업장에 불편과 불만의 돌이 분명 있을 것입니다. 그 돌을 긍정의 지렛대로 옮겨 보십시오. 그럼 '성과의 황금'은 나의 차지입니다.

- 일본의 '기린 라거 비어'는 쓴 맥주가 대중에게 환영받지 못했을 때 쓴맛의 부정보다 긍정에 초점을 맞추는 광고를 했습니다. '인생처럼 그 맛이 쓰지만 맛있다'라는 광고가 대성공을 거두면서 쓴맛이 '맛있다'라고 인식되게 되었습니다. 기린이 위기를 돌파할 수 있었던 것은 제품의 긍정적인 측면을 보았기 때문입니다. 위기 속에서 기회를 발견할 수 있어야 하고, 어둠 속에서 희망을 볼 수 있어야 합니다. 절망을 희망으로, 불가능을 가능으로 만들어 내는 힘은 바로 긍정적인 생각에서 나옵니다.

- 부정은 가만히 있어도 찾아오는 불청객이지만, 긍정은 내가 노력해야 얻을 수 있는 보물입니다.

- 소낙비처럼 퍼붓는 성과의 아우성이 묵직하게 다가옵니다. 마음은 긍정과 부정을 분주하게 넘나들고, 굳센 의지력도 바닥을 드러내어 간혹 성과의 숫자 앞에서 무력감을 느낍니다. 밀려드는 상실감에 허우적대다, 결국 나 혼자만이 나의 마음을 다독일 수 있다는 것을 어려움의 용광로를 통과하고 나서야 비로소 알았습니다. 달성해야 할 성과를 피할 수 없다면, 긍정적인 생각으로 결연히 마주 볼 수밖에요. 힘내라는 영혼 없는 목소리도 때로는 힘이 될 수 있습니다. 힘내십시오! 잘될 일만, 갈수록 더 잘될 일만, 더 높이 오를 일만 남았습니다.

- 심리적 문제는 대부분 근심을 떨쳐 버리지 못해서 생긴 것입니다. 근심은 삶을 무기력하게 만드는 주범입니다. 걱정으로 해결될 일이 아니라면 과감히 떨쳐 버리십시오. 근심과 걱정의 무게를 줄이는 방법은 바로 긍정적인 생각입니다.

- 더는 물러설 곳 없는 절망의 절벽에 서면 없던 힘도 생겨나는 게 사람입니다. 어떤 경우에도 1년 365일 비만 내리지 않고, 아무리 힘든 일로 좌절해도 그 슬픔은 망각의 힘으로 잊히기 마련입니다. 모진 한파에도 찬란한 봄이 오는 것을 막을 수 없습니다. 실패해도 다시 일어나면 그건 곧 경력이 된다는 긍정적인 생각이 있다면, 분명 좋은 성과를 얻을 것입니다.

- 마감 때가 되면 전운이 감도는 아침을 맞이하곤 합니다. 부정적인 생각을 몰아내고 나니 마음의 소음이 사라집니다. 그렇게 제대로 나를 마주 볼 때 빙산을 떠올려 보십시오. 빙산은 수면 위가 전체의 8.3%이고, 수면 아래에 91.7%가 잠겨 있습니다. 이렇듯 눈에 보이는 것이 전부가 아닐 때가 많습니다. 아직 잠재된 나의 역량은 무궁무진하며 보여 줄 것이 많습니다. 긍정의 눈으로 찾고 구하면 높은 파도의 마감이라도 거뜬히 넘을 수 있습니다.

- 때로 삶의 무게에 한없이 짓눌릴 때가 있습니다. 그러나 그 무게는 내가 충분히 들 수 있는 무게입니다. 우리는 자신과 가족을 지킬 수 있는 힘이 있습니다. 빅토르 위고는 말했습니다. "세상에서 가장 넓은 것은 바다, 바다보다 넓은 것은 하늘, 하늘보다 넓은 것은 사람의 마음."이라고. 뭐든지 마음먹기에 달렸습니다. 할 수 있다고 생각할 때 비로소 할 수 있습니다. 성과가 아닌 다른 모든 것도, 그 어떤 것도 마찬가지입니다.

신선이 있으면 명산이 되고,
명인이 살면 명소가 되듯,
소중한 내가 출근하는 그곳,
그 자리가 바로 명당, 명소입니다.

- 모든 출발은 생각, 즉 마음에서 나옵니다. 그 이유는 마음은 몸을 움직이게 하기 때문입니다. 성과를 만들기 위해서는 일단 긍정적 생각이 중요합니다. '잘될 거야, 잘되고 있어!'라고 마음먹으면 표정, 태도, 행동이 달라집니다. 긍정적인 생각은 현실을 있는 그대로 받아들이고 최선을 다하는 것입니다. 최선을 다할 때 생산성이 향상되어 좋은 성과를 만들어 냅니다. 긍정이라는 녀석은 우리가 생각하는 것보다 힘이 강합니다.

- 기업이나 개인이 원하지 않게 슬럼프라는 코너를 돌 때면 속도가 줄어듭니다. 하지만 코너에서 진짜 실력이 나옵니다. 코너(역경)가 없다면 자신의 잠재력과 능력을 발휘할 수 없을 것입니다. 빠르게 코너를 돌 수 있는 방법은 지쳐 힘들어하고 있는 나에게 스스로 용기 있는 한마디를 건네는 것입니다. '나니까 할 수 있어! 나니까 가능한 거야!' 어찌 보면 성과를 올리는 묘약은 나의 마음에서 전해지는 온기 있고 울림 있는 한마디 말입니다. 그 긍정의 힘이 다시 한 번 도전하게 합니다.

• 샬럿 호네츠 팀의 농구 경기가 열릴 때면 다른 경기보다 더 많은 관중이 경기장을 찾습니다. 환상적인 어시스트, 중장거리 슛의 '먹시 보그스'라는 선수를 보기 위해서입니다. 지금은 은퇴한 그 선수는 치명적인 약점이 있습니다. 키가 160cm입니다. 단신인 그가 장신의 농구 선수들 사이에서 살아남은 비결은 키 큰 선수들이 갖지 못한 순발력입니다. 낙관적인 생각을 가진 그는 자신의 단점을 장점으로 발전시켰습니다.

관현악단의 세계적인 명지휘자 '토스카니니'는 심한 근시안으로 악보를 잘 볼 수 없는 약점이 있었습니다. 그 또한 약점을 극복하기 위해 모든 악보를 암기한 후 연주에 임하곤 했습니다. 신이 아닌 이상 단점은 누구나 다 있습니다. 또한 장점도 있습니다. 나를 더 사랑하며 긍정의 눈으로 자신을 보십시오. 그럼 단점보다 내가 가지고 있는 장점이 더 잘 보이며, 그 장점을 살린다면 자연히 단점을 충분히 덮고 남을 것입니다.

- 마샬 로사디와 에밀리 히피는 팀의 성과와 대화의 질과의 상관관계를 조사했습니다. 고객 만족도, 영업이익률 등을 고려해 팀을 고성과, 중간 성과, 저성과 팀으로 구분하고 대화 내용을 분석했습니다. 고성과 팀은 긍정과 부정의 대화 비율이 5.8 대 1로 긍정적인 말이 부정적인 말보다 5.8배 많았고, 중간 성과 팀은 1.8 대 1, 저성과 팀은 1 대 20으로 부정이 압도적으로 많았습니다. (『팀으로 일하라』, 박태현, 시그마북스, 2012) 부정적인 생각과 말은 에너지를 고갈시킵니다. 어떤 경우에도 긍정적인 생각과 태도를 갖고 있다면 어둠 속에서도 빛을 발견할 수 있습니다.

- 긍정적인 말은 가능성을 열어 주지만, 부정적인 말은 가능성의 문을 닫아 버립니다. 부정은 긍정보다 전염 속도가 15배나 빠르다고 합니다. 그러니 부정을 이기기 위해 의도적으로 긍정적인 단어들을 계속 떠올려야 합니다. '됩니다. 잘됩니다. 갈수록 더 잘됩니다!'라고. 그럼 정말 일이 다 잘되고 잘 풀립니다.

- 현실을 바꿀 수 없다면 현실을 바라보는 눈과 자세를 바꿔야 합니다. 성과를 올리고 싶다면 세상 최고의 보물인 나 스스로를 칭찬하며 좋은 일이 일어날 거라는 긍정적인 생각을 해야 합니다. 긍정의 이미지는 성공을 그릴 것이며, 그 이미지는 성과로 나타날 것입니다.

- 세상에서 가장 아름다운 것을 찾기 위해 세계 여행을 다닌 사람이 있습니다. 몇 년 후 그는 아름다운 것을 찾을 수 없다는 것을 알았습니다. 그 이유는 자신의 마음속이 아름답지 않아 아름다운 것을 봐도 느낄 수 없었기 때문입니다. 색안경을 쓰고 보면 온전히 세상을 바라볼 수 없습니다.

- 역량과 조직 내의 성과 문제로 고민하는 많은 분들, 사실 그분들은 성과를 올리는 방법을 모른다기보다, 부정의 덫인 자기 합리화의 그물에 사로잡혀 한발도 앞으로 나가지 못하는 것입니다. 이때는 나를 위한 따끔한 충고, 의미 있는 반대의 목소리도 진솔하게 들을 수 있는 열린 마음이 필요한데, 그건 바로 긍정적인 생각과 태도가 있어야 가능합니다.

힘들다고, 어렵다고 말했던 것은
주변 사람과 환경 때문이 아니라
바로
'나의 생각' 때문이었습니다.

- 답이 없다고, 길이 안 보인다고 불평을 늘어놓기보다 지금 현재 할 수 있는 방법을 찾아내야 합니다. 그런 사람만이 매 순간 성과를 올릴 수 있습니다. 성과를 올리는 사람은 성과를 올리기 위해 생각을 바꿉니다. 생각을 바꾸기 위해서는 일단 언어를 바꿔야 합니다. 리우올림픽 에페 금메달리스트 박상영 선수는 '할 수 있다'는 긍정의 언어로 승리를 안았습니다. 긍정의 언어를 사용하십시오. 나 자신의 가능성을 믿어야 성장할 수 있습니다.

- 자존감은 '타인과 비교하지 않고, 있는 그대로 나를 존중하는 마음'입니다. 자존감이 떨어지는 진짜 이유는 나의 단점을 다른 사람의 장점과 비교하기 때문입니다. 우리는 누군가에게 자신의 매력을 어필할 수 있는 치명적인 매력을 한두 가지는 가지고 있습니다. 없다고요? 아니요, 그건 거짓말입니다. 긍정의 눈으로 바라보지 못해서 찾지 못했을 뿐입니다. 분명히, 반드시 있습니다!

- 근육은 쓸수록 강해지고 안 쓰면 약해집니다. 이는 신체에만 해당하는 것이 아닙니다. 정신에도 똑같이 해당합니다. 긍정의 근육을 키우기 위해 꾸준히 노력해야 합니다. 긍정적인 생각과 자세는 개인과 부서, 회사와 사업장에 독수리 같은 큰 날개를 펴서 높이 날게 해 줄 수 있으며, 우리 삶의 어두운 곳을 밝혀 줄 등대입니다.

- 만족할 만한 성과를 올리고 싶다면 마음속으로 오늘은 성과를 올리기에 특별한 날이라고 생각하십시오. 안톤 체호프는 "인간은 스스로 믿는 대로 된다."고 했습니다. 성과의 산은 오를 수 있다고 믿는 사람만이 정상까지 올라갈 수 있습니다.

- 더 나은 삶은 더 나은 생각에서 비롯됩니다. 내면이 건강하지 않으면 뛰어난 성과를 올려 정상의 위치에 있어도 끊임없이 불안에 시달립니다. 병목 구간에서도 탈출구를 찾을 수 있는 비법, 굳게 잠긴 내 마음의 문을 열 수 있는 열쇠는 바로 긍정입니다. 성과에 지쳐 피로감이 몰려올 때도 다시 한 번 뛸 수 있는 힘을 주는 희망! 희망도 긍정의 약을 잘 달여 마셔야 가능합니다.

- 마음속 부정의 잡초를 제거해도 어느 순간 그곳에 다시 잡초가 자랍니다. 이 잡초를 없앨 수 있는 방법은 하나입니다. 바로 그곳에 긍정을 심으면 됩니다. 좋은 생각은 좋은 열매를 맺고, 나쁜 생각은 나쁜 열매를 맺습니다. 긍정적인 생각으로 원하는 성과의 열매를 수확할 수 있습니다.

- 보는 방법을 바꾸지 않으면 생각하는 방법을 바꿀 수 없고, 생각하는 방법을 바꾸지 않으면 새로운 눈을 얻을 수 없습니다. 남들이 보지 못하는 것을 볼 수 있는 '혜안'을 갖고 싶다면, 보이는 사물을 긍정적으로 바라보십시오. 그럼 비로소 보일 것입니다.

- 걱정과 부정은 마음속 건강을 해치는 독버섯과 같습니다. 그러니 늘 성과를 창출한다는 긍정적인 생각을 가지십시오. 나의 마음은 항상 내가 생각하는 것들을 끌어당기는 자석 같은 힘이 있습니다.

- 긍정의 뿌리를 깊이 내려야 거센 바람에도 이겨 낼 수 있습니다. 매사에 긍정적인 생각을 하십시오. 흔들리지 않고 성장하는 나무는 없습니다. 잔잔한 바다는 유능한 뱃사람을 만들 수 없고, 바람이 강하게 불 때야말로 연을 날리기 가장 좋은 때입니다. 기업도 불경기를 발전의 촉매제로 활용했던 기업만이 살아남고, 예술가들도 그들이 병들고 고통받았을 때 유명한 작품을 남겼듯, 고통의 결과는 성장이고, 상처를 치유해 나가는 것 또한 성장하고 있다는 증거입니다.

- 만류인력의 법칙을 발견한 뉴턴은 집중력이 뛰어나고 낙천적인 사람이었습니다. 성과를 올리기 위해서 이 두 가지는 꼭 필요합니다. 긍정적인 생각으로 성과를 올리기 위해 집중한다면 원하는 그 이상의 풍성한 수확을 얻을 수 있습니다. 성과에 초점을 맞추고 집중하십시오. 모든 문제에 답이 있듯 엉켜 있던 문제도 긍정의 눈으로 집중해서 생각하면 쉽게 풀 방법이 보일 것입니다.

무거운 발걸음을 옮길 수 있도록
발전기를 돌려야 합니다.
발전기의 동력은 바로
'긍정'에서 나옵니다.

• 성과를 올리는 사람은 약점보다 강점을 활용해 성과를 높이는 사람입니다. 조직도 강점을 살려 생산성을 높이기 위해 노력합니다. 그러기 위해서는 긍정의 돋보기가 필요합니다. 부정의 시선으로 안 될 이유를 찾자면 끝없이 나옵니다. 굳게 닫혀 있는 성과의 문을 열 수 있는 방법은 긍정의 사고와 행동입니다.

• 높이뛰기 선수는 '넘을 수 없다'고 생각하면 절대 넘을 수 없다고 합니다. 이건 스포츠만 해당하는 것이 아닙니다. 조직의 성과 창출에서도 마찬가지입니다. 목표 달성이 분명히 가능하다고 긍정적으로 생각하는 사람만이 성과의 기적을 만들 수 있습니다.

• 미국 심리학협회는 바이올린 현의 장력을 들어 적절한 스트레스가 필요하다고 말합니다. 줄이 너무 느슨하면 소리가 둔탁하고, 너무 팽팽하면 날카로워지거나 끊어질 수 있기 때문입니다. 스트레스도 너무 없으면 무기력해지고, 너무 많으면 심리적 불안으로 인해 건강까지 해치고 맙니다. 그래서 긍정이 더 필요합니다. 긍정은 스트레스의 완충 역할을 하며, 성과를 끌어 올리는 데 중요한 에너지기 때문입니다.

- 안개가 짙게 깔려 앞이 보이지 않는 곳을 통과할 때가 있습니다. 그러나 그런 안개가 걷히면 대부분 날씨가 좋습니다. 안개는 순간의 불확실성을 나타내는 상징입니다. 삐걱거리고 비틀거리는 마음을 다잡아야 합니다. 모질고 험난한 사회지만 하루를 살아도 내 삶이고 내 인생이기에 다시 한 번 일어서야 합니다. 추운 겨울이 아무리 길어도 봄이 오지 않은 적은 단 한 번도 없었고, 아무리 깜깜하고 별 없는 밤이어도 밝은 날이 안 온 적이 없습니다. 긍정적으로 생각하십시오. 나를 위한 성과의 봄이, 벚꽃처럼 밝은 날이 빠르게 오고 있습니다.

- 사람들이 노력에 비해 낮은 성과를 거두는 이유는 실패에 대한 두려움을 머릿속에 미리 그리고 있기 때문입니다. 내가 쳐 놓은 걱정과 두려움의 울타리에서 벗어나야 합니다. 실패할 수도, 거절을 당할 수도 있습니다. 그러나 분명히, 정확히 알아야 합니다. 돈이 구겨져도 가치는 그대로이듯, 실패해도 나의 가치는 전혀 변함이 없다는 것을.

- 생각의 변화가 필요합니다. 단합 대회로 산을 오를 때 일이라고 생각하면 노동이고, 건강을 위한다고 생각하면 재미있는 일입니다. 삐뚤어져 있는 부정의 고정관념을 경계해야 합니다.

- 마음속 무기력함이 계속 자리 잡지 않도록 나를 향한 따끔한 회초리가 필요합니다. 긍정의 예방주사를 독하게 맞고, 초심으로 성과의 도화선에 불을 댕겨야 합니다. 성과 때문에 잠시 주춤하고 있다면 걱정하지 마십시오. 화살이 멀리 날아가려면 활의 몸이 많이 휘어져야 하고, 개구리는 멀리 뛰기 위해 잠시 움츠립니다. 슬럼프는 폭발적 성장의 바로 전 단계가 확실합니다.

- 사회와 회사의 조직은 절대 공평하지 않습니다. 이는 현실이며 부정할 수 없습니다. 그래서 유일한 버팀목인 성과가 더욱 필요합니다. 이제 불편한 저성과, 부정의 과거는 잊으십시오. 기업은 앞으로 더 높은 성과를 창출할 사람만 기억할 것입니다.

- 두려움은 누구에게나 존재합니다. 어떻게 하면 두려움을 이겨낼 수 있을까요? 자신의 두려움을 온전히 바라보고, 그 두려움이 왜 생기는지를 알고 준비하면 두려움이 어느 순간 '용기'로 바뀌게 됩니다. 여기서 중요한 것은 부정적인 생각으로 확장, 증폭을 시키지 말아야 한다는 것입니다. 용기를 내기 원한다면 긍정적인 생각이 꼭 필요합니다. "준비를 충분히 했으니 잘될 거야! 오늘은 성과를 만들기 좋은 날이야."라며 자신을 다독이는 언어가 필요합니다. 긍정은 용기를 불러오고, 용기는 두려움을 뛰어넘을 힘을 줍니다.

- 우리는 실패를 경험으로 받아들이기보다 넘을 수 없는 힘든 벽으로 생각해 포기하는 경우가 많습니다. 하지만 그 숱한 실패의 기록들은 사실 성과로 이르는 다리 역할을 합니다. 실패는 성공하는 법을 가르쳐 주는 중요한 멘토입니다. 넘어지지 않고 걸음마를 배운 사람은 단 한 명도 없습니다.

'무엇을 보는지'보다
'어떻게 보는지'가 더 중요합니다.
긍정적 태도로 바라봐야
보이지 않는 것도 볼 수 있고,
기회도 잡을 수 있습니다.

- 옛날 한 임금이 자기의 이가 하나씩 빠지는 꿈을 꾸었습니다. 왕은 유명한 해몽가를 불러 꿈을 해석했는데, "임금님의 친척들이 한 사람씩 죽어 맨 나중에 임금님만 남게 됩니다."라고 해석했습니다. 기분이 언짢아진 임금은 그 해몽가를 죽였습니다. 임금은 다른 해몽가를 찾았고, 임금의 말을 들은 해몽가는 "임금님께서 집안의 모든 친척들 중에 가장 장수하신다는 꿈입니다."라고 말했습니다. 임금은 기뻐하며 그 해몽가에게 많은 상금을 내렸습니다. 결론적으로 보면 같은 의미의 말을 했음에도 두 해몽가의 운명은 달랐습니다. 첫 번째 해몽가는 부정적(죽음)으로 말했고, 두 번째 해몽가는 긍정적(장수)인 말을 했습니다. 긍정적인 말을 하십시오. 긍정적인 말은 기분을 좋게 합니다. 덩달아 성과도 올라갑니다.

- 목표를 바라보는 나의 자세가 성과를 창출하는 데 더하기, 빼기가 될 수 있고, 곱하기, 나누기가 될 수 있습니다. 여기서 더하기와 곱하기는 긍정과 희망이고, 빼기와 나누기는 부정과 불만입니다. 선택은 항상 내가 하는 것입니다.

- 경쟁 없는 성장은 한계가 있습니다. 경쟁을 너무 불편한 시선으로 바라보지 마십시오. 역사가 말하듯 경쟁 없는 세상은 없으며, 사회를 이끌어 가는 힘은 무한 경쟁입니다. 성과자는 경쟁을 도구로 잘 활용하고, 불평을 긍정으로 이겨 낸 사람입니다. 불평은 늘 패자의 습관입니다.

- 직장 상사나 기업 환경에 불만만 가져서는 변화되는 게 없습니다. 나 자신을 위해서 긍정적인 생각이 필요합니다. 누구도 아닌 나 자신을 위해서 말입니다. 직장 상사의 생각은 이미 콘크리트처럼 굳어 있어 앞으로도 변하지 않습니다. 내 생각을 긍정으로 바꾸는 게 빠릅니다.

- 구멍 난 타이어에 바람을 넣어도 소용없듯, 늘 부정적으로 생각하는 사람에게 좋은 성과를 기대하기는 어렵습니다. 생각은 행동의 전 단계입니다. 구체적인 행동으로 나타나기 전에 반드시 생각이 먼저 있습니다. 부정으로 인해 생각이 썩지 않도록 긍정의 방부제를 골고루 뿌려 주어야 합니다.

- 생각해 보면 '할 수 없다'라는 부정적인 말은 내가 하는 것이었습니다. 마음을 긍정으로 바꾸고 성과의 새집으로 이사 가야 합니다. 기존의 부정, 게으름을 완전히 버리고 중요한 것만 챙겨 가볍게 이삿짐을 정리하십시오. 나의 내면에는 성과를 만들어 내기에 충분한 DNA가 존재하고 있습니다. 우리는 성과를 충분히 달성할 수 있는 긍정의 사람입니다.

- 성과를 올리기 위해 긍정은 필수입니다. 그러나 무한 긍정으로 인해 성과를 올리는 데 걸림돌이 되는 요소를 알거나 발견했음에도, 그저 '잘되겠지'라는 긍정적 생각과 태도로 대응이 미흡해 일을 그르치는 경우가 있습니다. 문제점을 감지했다면 그때는 부정으로 돌아서서 실패를 줄일 수 있는 대응을 빠르게 해야 합니다.

- 대책 없는 긍정은 경계해야 합니다. 여기서 대책 없다는 것은 계획과, 실천이 없는 것을 말합니다. 그냥 '잘되겠지'라는 막연한 긍정은 비상 체제 속에서 둑이 무너지고 있는데 구경만 하는 것과 무엇이 다르겠습니까? 긍정은 움직임을 통해 비로소 완성되는 것입니다.

• 삶에서 고난은 피할 수 없습니다. 하지만 불행은 피할 수 있습니다. 고난은 있는 그대로의 현상이지만, 불행은 내가 느끼는 감정에 의해 결정되기 때문입니다. 긍정적으로 바라보십시오. 긍정은 고난의 통증을 줄여 주고, 불행을 피할 수 있는 지혜의 언어입니다.

• 우리는 모두 미래에 대한 불안한 마음을 조금씩은 안고 살아갑니다. 사건 사고는 끊이지 않고, 부정은 긍정보다 빠르고 강하게 퍼져 나갑니다. 미래가 보이지 않는다고 해서 늘 안갯속에 있다고 생각하지 마십시오. 미래를 부정적으로 보지 않는 것만으로도 스트레스를 대폭 줄일 수 있습니다. 불안해할 시간에 미래를 위해 오늘 내가 할 일을 실천하면 그것으로 충분합니다.

• 나를 더 힘들게 하는 것은 일 그 자체가 아니라, 그 일에 대한 나의 생각입니다. 극복할 수 없다고 생각하는 나 자신이 항상 문제를 만들어 냅니다. 그래서 세상에서 제일 무거운 것이 '나의 마음'이라고 합니다. 문제가 어려운 게 아니라 나의 생각과 용기 부족이 일을 어렵게 만드는 것입니다. 힘든 생각을 전환시키는 유일한 카드는 긍정의 생각입니다.

긍정적인 사람과 부정적인 사람은
분명 시작도 다르지만, 끝도 다릅니다.
매일매일 순간마다
좋은 것을 선택하십시오.
올바른 선택은 나를 변화시킬 수 있는
좋은 기회입니다.

- 부정은 우리가 생각하는 것보다 끈질기고 꼬리가 길며, 가고자 하는 방향에서 늘 역주행을 하게 합니다. 그래서 제거하지 않으면 성과를 향해 달려가고 싶은 나의 발목을 잡아당겨 앞으로 나갈 수 없게 합니다. 부정의 꼬리를 잘라야 합니다.

- 세상에서 가장 두려운 존재는 나 자신입니다. 어떤 일을 하겠다고 결심했을 때 앞을 가로막고, 바리케이드를 치며 마음의 문을 닫고 있는 것도 나 자신입니다. 그런 나의 마음에 긍정의 나무를 심고 희망의 물을 주며, 열정의 영양분으로 나를 가꾸고 다듬어야 합니다. 그래야만 지속적인 성과의 결과물인 열매를 생산할 수 있습니다.

- 존 F. 케네디는 1962년 연설에서 10년 이내에 인간이 달 위를 걷게 하겠다고 했습니다. 당시 부정적인 의견을 가진 사람들이 많았지만, 존 F. 케네디는 가능성이 있다고 믿는 사람들과 만나 연구를 했습니다. 가능성에 초점을 맞춘 것입니다. 기업의 성과도 마찬가지입니다. 가능하다고 믿는 사람들이 성과를 만들어 냅니다.

- 실적이 휘청거립니다. 당연히 성과의 숫자도 덩달아 끝없이 뒷걸음치고 있습니다. 주변의 환경을 탓하지만 해결되는 건 없고, 바이러스에 감염된 환자처럼 혹독한 겨울을 보내고 있습니다. 그렇다고 손 놓고 있을 수 없습니다. 이때는 생각을 바꿔야 합니다. 내 안에 강한 승부욕이 있다고 다부지게 마음먹으면 목표를 보는 시선과 행동이 180도로 바뀝니다. 성과의 발화점은 늘 긍정적인 생각입니다.

- 미국 하버드대와 스위스 바젤대 공동 연구팀이 "임상 시험과 달리 가짜 약이라는 사실을 알고 약을 먹은 환자들이 마치 진짜 약을 복용한 것처럼 통증이 완화됐음을 확인했다."고 국제 학술지《통증》최신 호에 발표했다고 합니다. (2017. 09. 28.《조선일보》) 믿는 대로 된다는 '플라세보(Placebo)' 효과는 의학을 넘어 성과에서도 변함없는 효과를 만들고 있습니다. 성과를 낼 수 있다는 기대와 믿음으로도 성과를 낼 수 있습니다.

- 우리는 사실 생각하는 것보다 많은 고정관념과 편견을 가지고 살아갑니다. 남들이 할 수 없다면 나도 할 수 없다는 함정에 빠집니다. 사람이 실패로 인해 포기하는 이유는 자신의 능력에 대한 고정관념 때문입니다. 내가 얼마나 대단한지, 나라는 존재가 절대적 가치를 지니고 있다는 것을 자신만 모릅니다. 우리는 대단한 존재임이 틀림없습니다.

- 미국 코넬대학교 칼 필레머 교수는 65세 이상 미국인 1,500명에게 "무엇이 가장 후회되는가?"라는 질문을 했습니다. 응답자 대부분이 "걱정하는 데 너무 많은 시간을 쓴 것을 후회한다."고 말했습니다. 『느리게 사는 즐거움』이라는 책의 저자 어니 J. 젤린스키는 우리가 걱정하는 일의 40%는 절대 현실에서 일어나지 않는 일, 30%는 이미 일어난 일, 22%는 사소한 일, 4%는 우리 힘으로 바꿀 수 없는 일이라고 합니다. 불필요한 걱정에서 멀어지기 위해선 긍정이 꼭 필요합니다. 그리고 걱정할 시간에 오늘 할 일을 미루지 말고 실행하면 됩니다. 걱정하지 마십시오. 뭐든지 잘, 항상 잘 풀릴 겁니다.

희망

: 봄이 아름다운 건 겨울이 있기 때문이 아니라, 희망이 있기 때문입니다

기업에게 있어 성과는 최소한의 유지가 아니라 사람에게 꼭 필요한 물과도 같은 것이며, 기업이 존재하기 위해 반드시 성과를 창출해야 합니다. 개인과 기업은 운동화 끈을 고쳐 매고 다시 한 번 뛰어야 합니다. 그러기 위해 용기가 필요합니다. 용기는 희망을 품을 때만 온전히 힘을 낼 수 있는데, 그 이유는 희망은 노력과 열정을 만들어 내는 생산 공장이기 때문입니다.

희망은 치열한 전쟁의 한복판에서 문제의 돌파구를 만들어 승리를 맛보게 합니다. 성과가 뛰어난 사람은 어떤 특별한 비법을 알고 있는 것이 아니라, 가슴속에 늘 희망을 품고 실천한 사람입니다.

희망을 만들기 위한 최고의 싱싱한 재료는 감사와 긍정입니다. 지쳤을 때는 뒤에서, 위로할 때는 앞에서 끌어 주는 친구가 희망입니다. 희망은 기대하게 하고, 가슴을 뛰게 하며, 마음을 설레게 하는 마법 같은 힘이 있습니다. 희망은 부정을 치유하며, 가슴속에 새겨진 수많은 상처들도 지울 수 있는 능력이 있습니다. 앞이 보이지 않는 어두운 밤에도 희망을 품으십시오. 희망은 좋은 성과로 보답해 줄 것입니다.

희망은 항상
나를 위해 손을 내밀고 있습니다.
그 따뜻한 손을 꼭 잡으십시오.
어떤 경우에도
벌떡 일어설 힘을 줄 것입니다.

- 유럽이 사랑하는 팝 싱어 '훌리오 이글레시아스'는 영국의 케임브리지대학에서 법학을 전공했지만, 스페인 프로 축구팀 레알 마드리드의 골키퍼로 활약해 제법 명성을 얻었습니다. 그러나 불의의 교통사고를 당해 오랜 시간 병원에 있어야 했습니다. 그때 그는 아버지가 사 준 기타로 작곡하며 자신의 마음을 위로했습니다. 이후 1968년에 열린 바인도른가요제에 참가해 최우수상을 받은 이후 가수로서 대중에게 큰 사랑을 받게 됩니다. 이글레시아스는 힘들었던 병상에서의 시간을 이렇게 회고했습니다. "절망했던 1년 6개월은 실은 축복의 터널이었습니다." 희망을 붙들고 인내하다 보면 분명 고난의 터널이 축복의 터널로 바뀔 것입니다.

- 직장과 사람으로 힘든 일이 생겨도, 분명한 것은 그것이 영원히 계속되지 않는다는 것입니다. 희망을 만드는 사람이 되십시오. 희망은 더 높은 성과를 이룰 수 있는 곳으로 나를 안내해 주며, 희망이 있다면 흔들릴지언정 절대 쓰러지지 않습니다. 힘내십시오! 나만이 유일한 희망이고, 나만이 나를 성장시킬 수 있습니다.

- 빛을 차단한 큰 물통에 생쥐를 넣으면 쥐는 3분 만에 죽습니다. 그러나 같은 물통에 강한 빛을 비추면 생쥐는 무려 36시간, 즉 700배가 넘는 시간 동안 헤엄을 칩니다. 쥐에게 빛은 희망이었습니다. (『최고의 삶』, 조엘 오스틴, 정성묵 옮김, 긍정의힘, 2010) 희망은 우리에게 700배가 넘는 버틸 힘을 줍니다. 그만큼 희망은 강력한 힘이 있습니다.

- 희망은 계획을 만들고, 그 계획이 실천을 통해 성과를 만들어 냅니다. 어제보다 오늘이, 오늘보다 내일이 더 나아지게 하는 건 희망이 있을 때 가능합니다. 희망의 볼륨을 높이십시오.

- "내 비장의 무기는 아직 손안에 있다. 그것은 희망이다."라고 나폴레옹은 말했습니다. 맞습니다. 희망은 기대요, 설렘이며, 힘과 용기를 무한 리필해 주는 따뜻한 주머니입니다. 출발이 늦었다고 도착까지 늦으라는 법은 없습니다. 희망의 발로 뛰면 누구나 역전할 수 있습니다.

- 농부가 '풍년'이라는 희망이 없다면 밭에 씨를 뿌리지 않을 것입니다. 기대 이상의 성과를 만들고 싶다면 희망을 가슴에 품고 있어야 합니다. 오늘 하루하루를 보람되게 보내지 않는다면 내일은 희망이 눈길을 주지 않을 것입니다.

- '퍼펙트 스톰(Perfect Storm)'은 '작은 폭풍이더라도 또 다른 폭풍을 만나면 그 영향력이 폭발적으로 커지는 현상'을 가리키는 자연과학 용어입니다. 성과의 퍼펙트 스톰을 만들기 위해서는 긍정과 희망의 폭풍이 필요합니다. 잘될 거라는 희망을 가지십시오. 희망이 있다면 언제라도 새로운 출발을 할 수 있고, 새로운 성과를 올릴 수 있습니다. 성과의 기적이 오는 것을 막을 수 없습니다.

- 희망은 거칠게 몰아붙이는 실적의 불화살을 막아 줄 방패입니다. 희망은 달리다 쓰러져 있는 자신에게 용기를 줄 수 있는 유일한 위로의 단어입니다. 희망은 침묵하고 서성거리고 있는 내가 성과를 올릴 수 있게 해 줄 유일한 버팀목입니다. 희망을 품어야 합니다. 역전의 버저비터도, 삶의 터닝 포인트도, 희망이라는 튼튼한 동아줄을 붙들고 버텨야 맞이할 수 있습니다.

- 아프리카 밀림 지역에 파견된 한 부대가 얼마 지나지 않아 적들에게 포위되어 한 병사만 빼고 모두 전사합니다. 다른 부대 사람들은 모두 그가 전사했을 거라 생각해 그 누구도 그를 구하지 않았습니다. 6개월 뒤 그는 밀림을 빠져나와 구조되었는데, 그때 그의 손에는 하나의 지도가 쥐어져 있었습니다. 밀림 지도가 아닌 영국 지하철 지도였습니다. 그는 영국 지하철 지도를 보면서 살아서 조국으로 돌아갈 희망을 품으며 위험한 밀림을 헤쳐 나왔습니다. 고통과 시련 속에서도 희망을 본다면 어떤 고난도 물리칠 수 있습니다. 희망은 대단한 힘을 가지고 있습니다.

- 음식이 사람을 모이게 하듯, 희망도 꿈과 열정을 끌어당기고 모이게 하는 자석 같은 힘이 있습니다. 긴 삶을 살아온 분들은 말합니다. 인생은 언제 어떻게 바뀔지 아무도 모르니 희망을 버리면 안된다고, 희망을 놓지 말고 마지막 순간까지 희망을 기대하라고. 마음의 돛이 희망 쪽으로 향하고 있다면 반드시 성과의 바람, 기적의 바람이 불고 있는 것입니다.

사람은 미래의 희망을 먹고 삽니다.

- 인간은 여러 번 난관에 부딪혀 좌절을 겪으면 일어설 용기를 잃게 됩니다. 다 내려놓고 포기하고 싶은 생각이 굴뚝같습니다. 그러나 포기는 일순간 편안을 가져다주는 대신 희망을 지워 버린다는 것을 잊지 말아야 합니다. 지금은 가장 뒤에 있을지라도 갑자기 '뒤로 돌아가!'라고 하면 내가 일등이 될 수 있습니다. 희망은 어두운 길을 비추는 손전등이며, 소낙비를 피할 수 있는 유일한 지붕입니다. 포기하지 마십시오. 성과의 장원급제는 포기하지 않는, 희망의 사람 차지입니다.

- 우리가 힘든 이유는 아무리 노력해도 지금의 삶을 바꿀 수 없다는 데 있습니다. 즉, 희망이 보이지 않아서 힘든 것입니다. 그렇더라도 희망을 놓지 마십시오. 희망은 해결의 문이 닫혀 있어도 또 다른 해답의 문을 열 비밀번호입니다. 희망의 무기를 가지고 포기하지 마십시오. 그래야 기회가 옵니다. 그 기회는 두려움을 극복한, 희망을 가진 사람에게 오는 축복입니다. 희망을 가진 사람은 역경 속에서도 행운의 주인공이 될 수 있습니다.

• 하루가 막막합니다. 고단함이 길어질 것 같은 하루의 아침입니다. 가슴이 뻥 뚫린 듯한 공허함을 느끼고, 성과로 인해 마음 한구석이 상처투성입니다. 몸의 피로감은 극도로 쌓여 있고, 부정의 덩어리가 춤을 추고 있습니다. 하늘 한번 보는 것도 사치인 것 같은 시간들, 하지만 세상에 아물지 않는 상처란 없고, 아픔과 상처 난 모든 것은 시간에 밀려 지나갈 것입니다. 희망이 얼마나 소중한지 여기 영원히 변치 않는 명쾌한 해답을 준 성경 말씀을 인용합니다. "곧 네 환난을 잊을 것이라 네가 기억할지라도 물이 흘러감 같을 것이며, 네 생명의 날이 대낮보다 밝으리니 어둠이 있다 할지라도 아침과 같을 것이요, 네가 희망이 있으므로 안전할 것이며 두루 살펴보고 평안히 쉬리라."(『성경』, 「욥기」, 11장 16~18절) 희망을 가지십시오. 영원할 것 같은 힘든 시련에도 분명 끝은 있습니다. 모든 것은 다 지나갑니다.

- 정말 소중한 희망은 눈에 보이지 않습니다. 그러나 보이지 않아도 희망의 빛을 봐야 합니다. 희망을 등지고 있다면 부정의 그림자가 나를 집어삼키고 맙니다. 희망은 삶의 질을 높이고 의욕을 불러옵니다. 지금 버틸 힘조차 없는 절망의 끝이라도 항상 희망은 변함없는 힘을 지니고 있다는 것을 잊지 마십시오. 직장과 성과로 인해 병들어 있는 내 마음의 치료제, 해독제는 희망입니다.

- 나폴레옹은 "리더의 역할이란 현실에 관해 설명해 주는 것이다. 그리고 희망을 주는 것이다."라고 했습니다. 기업의 리더라면 구성원들에게 미래의 불안함 대신 용기와 희망을 꼭 심어 줘야 합니다. 역사적인 리더들은 위기 상황에서 희망과 용기를 주는 메시지를 던졌습니다. 왜일까요? 희망은 성과의 절벽에서 다시 올라갈 힘을 주고, 조직을 상처 없이 묶어 주는 능력이 있기 때문입니다. 그리고 희망은 미래를 줍니다. 끝이 없는 터널은 없고, 새벽이 오지 않는 날은 없으며, 멈추지 않는 비는 지금까지 없었습니다.

- 아침을 시작할 때 '오늘 좋은 성과가 있을 거야!'라는 긍정과 희망의 마음으로 출발하십시오. 출항하는 선장이 만선의 희망이 있어 거친 파도를 향해 나가듯, 희망은 불가능을 가능으로 만들어 내는 힘이 있습니다. 거친 폭풍의 바다 한복판에서도 성과의 고기를 잡아 생존할 수 있는 유일한 무기는 희망을 잃지 않는 것입니다.

- 천하제일의 나폴레옹도 그가 싸웠던 전쟁의 1/3은 패했습니다. 하지만 그럼에도 역사에 훌륭한 장군으로 남았듯, 누구든 실패를 딛고 일어선다면 결국 성공이라는 기억만 남게 될 것입니다. 그 힘은 희망에서 나옵니다.

- 한 치 앞을 볼 수 없는 칠흑 같은 절망의 어둠 속에서 앞을 볼 수 있게 하는 횃불은 바로 희망입니다. 당장 호주머니 속에 돈이 없는 것보다 미래의 희망이 없어 더 어려운 것입니다. 어떤 순간에도 희망이 있다면 절대 넘어지지 않을 것입니다.

성과를 올리는 묘약은
가슴에서 전해지는
온기 있는 희망의 한마디입니다.
"괜찮아! 난 할 수 있어!
나만이 할 수 있어!
나니까 할 수 있어!"

- 희망이라는 단어만큼 우리 생활과 삶에 활력을 주는 단어는 없을 것입니다. 희망은 늘 우리를 행복한 길로 안내해 줍니다. 희망은 한여름 뜨거운 태양을 가려 줄 양산과도 같습니다. 어느 순간에도 희망의 끈을 놓지 않는다면 성과의 기적을 만들어 낼 준비된 사람입니다.

- 성과의 날카로운 파편들이 마음을 베고 지나가도 버틸 수 있는 건 마음속에 항상 희망이 있기 때문입니다. 어제와 같은 오늘이 반복된다면 희망의 내일은 없습니다. 어제보다 더 나은 오늘을 살았다면 분명 성과를 만든 것입니다. 분명 오늘은 어제와 달라야 합니다.

- 한 톨의 씨앗이 거칠고 메마른 땅, 콘크리트 틈을 뚫고 나오는 것처럼, 희망이 우리 마음속 한 톨의 씨앗이 되어야 합니다. 뿌린 대로 거둔다는 말을 믿고 가슴속에 희망과 긍정을 계속해서 심고 뿌려야 합니다. 의심하지 마십시오. 성과 창출에 필요한 모든 것은 이미 내 안에 있습니다.

- 한 중환자실에 아주 심한 화상을 입은 십 대 소년이 누워 있었습니다. 얼마나 더 살지 아무도 알 수 없었습니다. 중환자는 안정을 위해 면회가 금지되어 있었는데, 자원봉사를 하기 위해 온 한 대학생이 병원의 규정을 모르고 붕대를 칭칭 감고 있는 이 소년에게 중학교 문법에 대해 가르쳐 주었습니다. 그는 며칠간 봉사를 열심히 했습니다. 그런데 놀라운 일이 일어났습니다. 의사들도 회복 가능성을 희박하게 봤던 그 소년의 상태가 극적으로 나아졌고, 몇 주가 지나 소년은 붕대를 풀 수 있을 정도로 회복되었습니다. 사람들은 소년의 회복 속도에 대해 물었습니다. 소년은 "한 대학생 형이 와서 다음 학기에 학교에서 배울 내용을 가르쳐 주더군요. '아, 의사 선생님이 내가 나을 거라고 생각했나 보다. 그러지 않고서야 저 형이 다음 학기 공부를 가르쳐 주겠어?' 하는 생각이 어렴풋이 들었어요. 그때부터 몸이 가벼웠어요!"(『거인들의 발자국』, 한홍, 비전과리더십, 2004) 소년은 희망을 보았습니다. 그 희망은 몸에 생기를 돌게 했으며, 병을 넉넉히 이길 힘을 주었습니다. 그렇습니다. 희망은 '가슴속에 품고 다니며 힘들 때마다 꺼내 보는 것'입니다.

- EBS 방송 프로그램 중 〈글로벌 아빠 찾아 삼만리〉라는 프로가 있습니다. 가족을 떠나 먼 한국에서 일하는 외국인 근로자에게 가족을 만나게 해 주는 프로입니다. 외국인 근로자들이 외롭고 힘든 하루하루를 이겨 낼 수 있는 힘이 무엇일까요? 가족들이 아빠를 그리워하며 기다리는 이유가 무엇입니까? 그건 바로 희망이 있기 때문입니다. 사랑하는 가족을 만날 수 있고, 차곡차곡 쌓여 가는 소중한 돈을 보며, 고국으로 돌아갈 희망을 품고 있기 때문입니다. 희망은 마치 살아서 펄떡이는 생선처럼 생동감 있는 사람으로 만들어 줍니다. 희망은 행동을 만들고, 행동은 성과를 만들어 냅니다.

- 요즘 젊은 청춘들이 힘든 것은 출발선이 부모의 재력으로 인해 달라지고 있기 때문입니다. 안타깝지만 이는 직장에서도 마찬가지입니다. 사회와 직장이 불공평하다는 것은 당사자가 아니면 사실 받아들이는 것이 쉽지 않습니다. 그럼에도 불구하고 희망을 잃지 않는다면 지금 당장 꽃을 피우지 못해도 어느 순간 분명히 꽃은 활짝 필 것입니다. 누구나 희망의 꽃을 피울 충분한 가치를 가지고 있습니다. 이건 영원히 변치 않는 분명한 사실입니다.

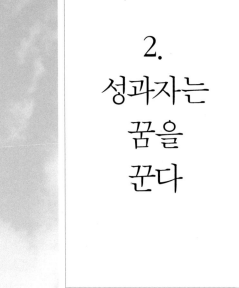

2.
성과자는
꿈을
꾼다

꿈

: 어려움의 바람이 꿈을 흔들 때 향기를 뿌립니다

무엇을 잃어버린 듯 바쁘게 보냅니다. 나의 주변에서 서성거리며 가까운 곳에서 항상 나를 기다리고 있는 것이 있습니다. 그건 바로 나의 '꿈'입니다. 꿈은 시간 속에 버려져 그냥 방치되어 녹이 슬어 버렸습니다. 그러나 꿈은 목표로 기름칠하고, 실천으로 녹슨 부분을 닦아 내면 온전한 모습으로 다시 내 앞에 설 수 있습니다.

꿈은 '내가 꼭 이루고 싶은 것'을 말합니다. 꿈은 나이를 따지지 않고, 시기와 장소를 가리지 않으며, 늦었다고 없어지지도 않습니다. 가슴속에 꿈을 품고 간직하고 있는 사람은 젊고 행복한 사람입니다. 원대한 야망과 성과가 아닐지라도 내가 이루고자 하는 작은 꿈(성과)을 꼭 간직하고 실천하십시오. 실행에 옮기는 순간 꿈은 현실이 됩니다.

꿈을 이기는 사련은 없습니다.

- 1976년 몬트리올올림픽에 출전하기 전 옛 소련 선수들은 경기에서 우승하기 위해 한 가지 아이디어를 냈습니다. 몬트리올시의 사진을 보면서 어떻게 경기를 풀어나갈 것인지 날마다 상상했습니다. 선수들은 몬트리올 경기장에 도착했을 때 평소 자신이 자주 들렀던 곳처럼 편안함을 느꼈고, 좋은 컨디션으로 훌륭한 성적을 거두었습니다.(『꿈으로 깨어나라』, 김도사, 공감의기쁨, 2012) 꿈과 성과도 마찬가지입니다. '반드시 된다!'라고 생각의 관점이 바뀌면 행동도 바뀌듯, 자기 암시를 통해 내면에 있는 자신감을 끌어올려야 합니다. 내가 원하는 결과는 바로 나에게 달려 있다는 것을 명심하십시오. 꿈은 실현될 때까지 행동하며 포기하지 않고 버티는 사람들 차지였지, 결코 실력 있는 사람들 것이 아닙니다. 성공의 반대말은 실패가 아니라 '포기'입니다. 포기하지 않으면 꿈은 반드시, 반드시 이루어집니다.

- 등 따시고 배부른 사람치고 꿈을 이룬 사람은 없습니다. 그 이유는 배부른 탓에 꿈을 채울 수 있는 공간이 없기 때문입니다. 오늘의 노력 없이는 내일의 꿈도 없습니다. 어려움이 있더라도 꿈을 포기하지 마십시오. 꿈은 포기하지 않는 자에게 반드시 보상을 해줍니다. 꿈은 묵묵히 길을 찾아낸 사람만이 볼 수 있는 보물입니다.

- 이게 진짜 내 꿈인지 아닌지 알 수 있는 방법은 '지속적으로 꿈을 향해 갈 수 있는 열정이 있는가?'라는 질문을 던져 보는 것입니다. 그러기 위해서는 나에 대해 정확히 알아야 합니다. 오랜 시간 경험을 통해 내 가슴속의 아우성을 듣는 수고를 아끼지 말아야 합니다. 그래야 꿈의 방향을 올바르게 잡을 수 있기 때문입니다. 그리고 꿈만 꾸지 말고 꿈을 현실로 만들어야 합니다. 꾸준한 노력이 없는 꿈은 그저 하룻밤 꾸는 몽상에 불과합니다.

- 빠르게 달리는 성공 열차 매표소에 길게 줄을 서야 하는 사회지만 언젠가 다 알게 될 겁니다. 그 열차에 줄을 서 있는 것이 중요한 게 아니라, 꿈을 갖고 원하는 방향으로 꾸준히 움직이는 사람이 결국 꿈의 티켓을 손에 쥘 수 있다는 것을. 꿈은 속도가 아니라 방향이 가장 중요합니다.

- 열정을 가지게 하는 동기는 바로 꿈입니다. 꿈이 있다면 열정에 불을 붙일 수 있습니다. 어느 누구도 나의 꿈을 훔쳐 갈 수 없고, 그 누구도 나의 꿈에 대해 논할 자격이 없습니다. 아무리 작아도 꿈이란 그렇게 값지고 소중하며, 봄에 활짝 핀 벚꽃처럼 늘 설레게 합니다. 그 꿈을 잡으십시오. 행동만 있으면 됩니다.

- 꿈에는 두 가지가 있습니다. 허황된 꿈과 실현 가능한 꿈입니다. 성과를 창출했던 사람들은 허황된 꿈에 시간과 열정을 쏟지 않습니다. 그들은 반드시 이룰 수 있는 목표를 두고 끊임없이 도전하며 꿈의 성과를 창출하는 사람들입니다. 내가 노력하면 이룰 수 있는 꿈을 간직하고 실천하십시오.

- 꿈을 꾸기는 쉽지만 이루기는 어렵다고 합니다. 그 이유는 꿈의 뿌리에 물과 영양분을 꾸준히 주지 않기 때문입니다. 꿈은 변하지 않는 나의 행동을 그대로 먹고 자란다는 것을 잊지 마십시오. 꿈은 그냥 놔두지 말고 늘 관리하고 체크해야 합니다.

- 침묵하고 죽어 있는 꿈에는 '심폐소생술'이 필요합니다. 무한한 잠재력이 있는 내 꿈의 용광로에 불을 댕겨야 합니다. 꿈을 꾸십시오. 나의 꿈이 곧 미래의 성과입니다. 시작하십시오! 지금은 꿈을 이루기에 결코 늦은 때가 아닙니다.

꿈은 꾸는 것이 아니라 이루는 것입니다.

- 방황을 멈추게 하는 것, 그건 바로 꿈입니다. 꿈이 있는 사람은 방황하지 않습니다. 방황을 끝내고 싶다면 실현 가능한 꿈을 만들어 보십시오. 꿈은 말이 아닌 도전과 행동을 통해 이루는 것입니다. 그리고 꿈이 너무 멀리 있다고 생각하지 마십시오. 첫걸음만 어려울 뿐 탄력을 받으면 무섭게 달려갑니다. 늦지 않았습니다. 늦었다고 생각할 때가 가장 빠른 때입니다.

- 어떤 꿈을 갖고 있습니까? 왜 그 꿈을 이루려고 합니까? 어떻게 그 꿈을 이룰 것입니까? 성과도 꿈과 같습니다. 왜 성과를 만들어야 합니까? 왜 성과를 달성하려고 합니까? 성과를 만들기 위해 어떻게 할 것입니까? 이 물음에 정확한 답을 할 수 있다면 이미 꿈과 성과를 만들어 내고 있는 것입니다.

- 미래는 꿈꾸는 자의 것입니다. 꿈은 미래의 나의 모습입니다. 꿈을 가진 사람은 미래에 대한 희망을 가지고 현재의 고통을 이겨 냅니다. 꿈은 고통과 인내라는 영양제를 먹고 자랍니다. 잊지 마십시오. 꿈과 인내는 늘 함께 간다는 것을.

- 꿈은 실패와 고난이라는 문을 통과해야 만날 수 있습니다. 꿈은 목적지를 꽃길 가듯 가는 것이 아니라, 자동차가 신호등을 만난 것처럼 가다 서다를 반복하고, 험난한 비포장 길을 수시로 가야 합니다. 행동으로 부딪쳐 꿈을 붙잡으십시오!

- 생동감 있는 사람이 성과를 창출합니다. 꿈도 마찬가지입니다. 꿈은 살아 꿈틀거리는 특징이 있습니다. 희망을 갖고 성과를 달성하면 세상의 흔들림 속에서도 중심을 잡고 원하는 꿈의 항구에 무사히 도착할 수 있습니다.

- 직장인과 청춘들은 힘들어합니다. 치열한 달리기 경주 속에서 낙오되지 않기 위해, 사회와 대중이 정한 차선에서 이탈하지 않도록 안간힘을 다합니다. 도전할 때 성장이 멈추지 않는다는 것을 알지만, 차선을 넘나드는 모험을 할 용기가 없고, 주어진 기회마저 놓쳐 버리지 않을까 불안해합니다. 꿈이 없기 때문에 해야 할 일이 없고, 해야 할 일이 없기 때문에 목표와 성과가 없습니다. 인공위성처럼 주변만 맴도는 쳇바퀴 생활만 합니다. 이럴 땐 큰 꿈을 꾸는 것이 아니라 어렵지 않은 작고 소박한 꿈이라도 계획을 세우고 꼭 이뤄 보십시오. 꿈의 참맛을 느낄 수 있을 때 비로소 큰 꿈도 이룰 수 있습니다.

- 배우의 꿈을 이루기 위해 10년간 800회의 오디션을 본 남자가 있습니다. 운명처럼 다가온 작품에서 주목을 받기 시작했지만, 뇌종양 판정을 받아 힘든 수술 후 왼쪽 귀의 청력을 잃었고, 안면 마비까지 왔지만, 배우의 꿈을 포기하지 않고 재활에 성공했습니다. 《헐크》, 《어벤져스》, 《비긴 어게인》 등으로 많은 사랑을 받은 배우 '마크 러팔로'의 이야기입니다. 꿈은 저절로 얻어지는 것이 결코 아닙니다. 꿈은 노력하고 인내하는 사람에게 주어지는 가장 멋진 선물입니다. 잊지 마십시오. 성과도 꿈과 같다는 것을.

목표

: 과녁이 있어야 활을 당길 수 있습니다

성과를 만들기 위해서 목표는 필수입니다. 목표가 없다면 성과를 측정할 수 없습니다. 넓은 바다에서 어디로 가야 할지 모르고 그저 떠다니는 배와 같은 겁니다. 또한 개인에게 있어 목표는 삶을 의미 있게 살 수 있게 하며, 인생의 방향을 제시합니다.

뚜렷한 목표는 동기를 부여하고, 관성에 젖어 매일 반복되는 일상에서 무언가 이루려는, 가슴속에 숨겨 놓았던 힘이 솟아날 것입니다. 구체적이고 명확한 목표, 그 목표는 어디로 가야 할지 방향과 방법을 제시할 뿐 아니라 주변 사람을 끌어당겨 결국 성과의 장소로 이끌어 줍니다.

목표를 설정하는 방법은 크게 세 가지입니다. 첫째, 실천 가능해야 합니다. 목표는 클수록 좋다고 하지만 현실과 동떨어진 목표는 자칫 동력을 떨어트려 중간에 포기하게 합니다. 골대가 너무 멀리 있으면 의욕이 반감되는 것처럼. 둘째, 시간을 정해 놓습니다. 시간 없이 언젠가라는 목표는 능률적으로 성과를 올릴 수 없을 뿐 아니라 집중력도 떨어집니다. 모든 경기에 시작과 끝이 있습니다. 그렇기에 선수들은 시간 안에 좋은 성적을 내기 위해 최선을 다하는 것입니다. 목표에 시간은 꼭 필요하며 시작과 중간, 끝을 넣어야 합니다. 셋째, 목표는 숫자화해야 하며 반드시 중간 점검을 해야 합니다. 목표에 숫자가 없다면 나의 역량이 어느 정도인지, 얼마나 달성되었는지 알 수 없기 때문입니다. 목표가 잘 이루어지고 있는지 일, 주, 월 단위로 중간 점검을 하며 마음을 다잡아야 합니다.

목표를 설정할 때 끝을 생각하고 역으로 목표를 산출하십시오. 예를 들어 한 달 목표를 세우고, 주, 일로 역으로 목표를 세우면 오늘 내가 해야 할 일이 뚜렷하게 보일 것입니다. 또한 목표를 숫자화해 잘 보이는 곳에 남겨 두십시오. 원하는 목표와 결과물이 구체적이고 뚜렷할 때 역량을 더 높일 수 있습니다.

목표를 세웠다면 목표 달성을 위해 전략을 세우고 추진해야 합니다. 전략은 목표 달성의 변수를 계산하고, 자신이 가지고 있는 자원을 최대한 활용해야 합니다. 일반적으로 내부 역량의 강점과 약점, 외부 환경의 기회, 위험 요인을 분석하여 성과의 고지를 향해 나가 기필코 성과의 깃발을 들어야 합니다.

일이란 무엇입니까?

그건

'정해진 시간 안에

원하는 성과를 만드는 것'입니다.

- 성과를 이루려는 이유가 무엇입니까? 그 이유가 바로 '목적'입니다. 승진, 물질, 자기만족 등 성과를 이루기 위한 목적이 뚜렷해야 합니다. 기적의 성과를 만들고 싶다면, 먼저 분명한 이유를 적어 보십시오. 목적은 정상을 향해 올라갈 때 중요하게 챙길 필수품입니다.

- 목적은 목표가 도달할 방향입니다. 또한 목적은 의미이며 이유입니다. 목표 달성이 힘에 부쳐 쉼표가 필요하다면, 잠시 숨 고르기를 통해 목표를 왜 달성해야 하는지 의미를 되새겨 보십시오. 목적은 목표가 순조롭게 원하는 곳에 잘 도착할 수 있도록 내비게이션이 되어 줄 것입니다.

성과를 이룬 사람들의 공통점은
'목표가 뚜렷했다'는 것입니다.
목표는 자신의 능력을
극대화시킵니다.

- 목표는 사람의 역량, 시간, 노력을 한곳에 집중하게 합니다. 그래서 아무리 뛰어난 사람도 목표가 없다면, 힘이 분산되어 능률적으로 일을 할 수 없어 온전한 성과를 올릴 수 없습니다. 또한 목표는 동기(의욕)를 불러오고 주도적으로 일을 할 수 있게 하며, 시작과 끝을 알리는 중요한 알림 역할도 합니다. 성과에 있어 목표의 중요성을 꾸준히 강조해도 지나치지 않습니다.

- 목표를 설정할 때 내가 목표를 달성할 만한 역량이 있는지, 기초 체력은 있는지 스스로 냉정하게 들여다봐야 합니다. 그리고 목표에 영향을 주는 주변의 환경 요인도 살펴봐야 합니다. 그런 후 목표가 정해졌다면 불필요한 생각을 버리고 앞만 보고 달려가야 합니다.

- 목표 설정의 포인트는 '최선의 노력을 다하면 달성할 수 있는 정도의 수준'이 좋습니다. 그리고 그 목표가 달성되면 조금씩 올리는 것입니다. 또한 목표를 설정할 때 과거가 아닌 현재와 미래를 비교하고, 기회와 위협을 적절하게 반영해 목표를 숫자화합니다. 목표는 허황된 것이 아니라 반드시 달성 가능해야 합니다.

- 내가 세운 목표를 달성할 거라 생각하고 실천한 사람들의 성공 확률은 대략 10% 전후입니다. 굳은 결심을 통해 실패하지 않을 거라 다짐하고, 또 다짐했지만 왜 이렇게 실패하는 것일까요? 이유는 현실적이고 구체적인 대응이 미흡했기 때문입니다. 내가 계획한 목표는 오류가 분명히 있습니다. 한 번에 뭐든지 다 될 것 같은 완벽한 목표와 계획도 실천하다 보면 얼마 지나지 않아 바로 난관에 부딪히기 마련입니다. 예를 들면 다이어트를 하기 위해 구체적인 달성 날짜와 식단, 몸무게, 그리고 운동 방법을 세워 놓고 실천합니다. 대부분 여기까지입니다. 그러나 비가 오거나, 모임, 원하지 않는 야근, 몸이 불편했을 때 어떻게 할 것인가에 대한 실천 계획은 세우셨습니까? 기초 공사를 튼튼히 해야 하듯, 오류를 범할 수 있는 계획까지 세워야 그 다이어트 성공 확률을 훨씬 더 높일 수 있습니다. 성과를 위해 목표를 세울 때 명심하십시오. 목표 달성에는 원하든 원하지 않든 불청객들이 수시로 찾아온다는 것을.

- 줄타기하는 분들은 아래나 옆을 보지 않습니다. 내가 가야 할 도착지에만 시선을 고정하고 한발 한발 나갑니다. 다른 곳에 시선을 두면 몸이 움직여 아래로 떨어지기 때문입니다. 목표에 집중하십시오. 시선에서 멀어지면 마음에서도 멀어집니다.

- 목표를 달성하기 위해서는 한결같아야 합니다. 목표를 생각하는 나만의 확실한 원칙과 철학이 있다면 절대 흔들리지 않습니다.

- 목표가 있는 사람은 그렇지 않은 사람보다 항상 앞서 있습니다. 그 이유는 목표는 사람의 생각과 행동을 바꾸고, 그 행동은 성과로 나타나기 때문입니다. 보람된 하루를 보내고 싶다면, 오늘 해야 할 목표를 세우고 실천하십시오. 성과와 함께 작은 성취감을 느낄 것입니다. 그게 '목표의 힘'입니다.

- 목표 없이 성공한 사람은 없습니다. 다시 말해 성과를 내고 싶다면 숫자가 있는 뚜렷한 목표부터 세워야 한다는 것입니다. 하루 동안 할 수 있는 목표를 세우고 하나하나 실천하다 보면 큰 목표를 이룰 수 있습니다. 누구나 다 알 수 있는 평범한 말이지만 이보다 더 정확한 정답이 또 어디에 있겠습니까?

- 계획한 목표를 달성하면 비록 지친 몸이지만 힘이 납니다. 이것이 '목표가 주는 생동감이며 매력'입니다. 목표를 어렵다고 멀리하면 스스로 나태해지게 됩니다. 목표는 삶에 활력을 주고, 일에 집중하게 해 주며, 나의 역량을 극대화시켜 줍니다.

- 뚜렷하고 분명한 목표는 힘이 있습니다. 확고한 목표는 끈기를 만들어 냅니다. 우연히, 막연히 설정한 목표는 가벼운 장애물에도 쉽게 넘어집니다. 기업이 원하는 목표보다 내가 원하는 주도적인 목표를 설정하십시오. 그 목표가 열정을 낳습니다.

성과가 없다는 것은
정해진 시간 안에 분명한 목표를
달성하지 못했다는 것입니다.

- 목표는 '나는 이 목표를 꼭 이루고 싶다!'라는 진심을 요구합니다. 그 진심은 절박함이 더 클 때 강한 힘을 발휘합니다. 목표 달성에 대한 목마름이 얼마나 강한지요? 목표 달성의 의지가 강하지 않다면 얼마 못 가 연료가 없어 시동 꺼진 차처럼 동력을 상실하고 말 것입니다.

- 1970년 아폴로 13호가 지구에서 달로 가는 중간에 산소 탱크가 폭발하는 사고가 일어났을 때, 그들의 목표는 단 하나에 집중되었습니다. 그건 '지구로 돌아가는 것'이었습니다. 결국 그들은 돌아왔습니다. 간절한 목표는 몰입과 집중을 통해 이뤄집니다.

- 목표를 세울 때 제일 어려운 것은 결단입니다. 결단을 미루지 마십시오. 목표를 빨리 세운 만큼 성과도 빨리 이룰 수 있습니다.

- 단순 명료하고 일관성 있는 목표가 기업과 개인에게 꼭 있어야 합니다. 특히 기업은 납득할 만한 목표를 설정해야 합니다. 일방적인 목표에는 부작용이 존재합니다. 목표가 설정되었다면 일방통행이 되어야 합니다.

- 목표 달성에 실패하지 않기 위해 무엇을, 언제까지, 어떻게 실천할 건지 명확한 행동 계획뿐 아니라, 주변 환경의 변수까지 고려하는 세부적인 목표가 있어야 합니다. 그래야 목표가 더 자세히 보입니다. 자세히 보여야 더 집중할 수 있습니다.

- 목표는 길을 만들고, 행동은 그 길을 달릴 동력을 만들어 냅니다. 목표를 향해 돌진하다 보면 어느 순간 목표가 흔들릴 때가 있습니다. 그 중심을 잡아 주는 것 또한 뚜렷하고 절박한 목표입니다.

- 뚜렷한 목표가 있다면 열정이 식지 않습니다. 목표의 성과는 그냥 얻어지는 것이 아니라, 희생과 고통이 따르기 마련입니다. 힘들 때마다 나 자신과 타협하고 싶은 유혹에서 이겨 낸 사람만이 진정한 성과를 창출할 수 있습니다.

- '최선을 다해라, 너는 할 수 있다!'라는 건조한 언어보다 때론 구체적이고 뚜렷하게 숫자화된 목표가 더 도전적이고 설득력이 강합니다. 그 이유는 목표는 '움직여야 할 이유'를 만들기 때문입니다. 달성 가능한 가시적인 목표를 설정하십시오. 성과를 올리기 위해, 내 능력을 발휘할 수 있는 목표를 설정하십시오. 목표에 초점을 맞추고 집중하며 행동하십시오. 목표가 성과를 만들어 낼 것입니다.

- 목표를 세우고 실천을 결심한 후 시간이 지나면서 어느새 느슨한 자신을 발견합니다. 그 이유는 보상은 즉각 이루어지지 않는 반면 불편함은 바로 나타나기 때문입니다. 중간중간 자신을 다독이며 꾸준히 움직여야 합니다. 그래야 지향하는 목표에 무사히 도착할 수 있습니다.

- 골인 지점 없이 달리는 마라토너는 없습니다. 골인이라는 목표가 있기에 달리는 겁니다. 작은 성과의 목표라도 하나 세워 보고 실천해 보십시오. 모이고, 쌓이면 삶이 달라집니다.

- 목표를 설정할 때 구성원들과 공감대가 필요한 이유는, 생각은 서로 달라도 기업의 목표만큼은 한 방향으로 노를 젓고 한목소리를 내야 하기 때문입니다. 또한 목표 미달 시 공동 책임이 있다는 것을 알기 위함도 있습니다. 실패했을 때 관리자 및 일부만 책임지는 조직은 건전한 조직이라고 볼 수 없습니다. 실패도 같이 책임을 질 수 있는 조직이야말로 최강의 조직입니다. 단, 성과 평가의 공정성이 담보가 되어야 한다는 것이 최우선 조건이 되어야 합니다. 성과 평가가 공평하지 않다면 성과를 만들 이유가 사라지며, 조직 내 불만이 생겨 목표 달성에 큰 산을 스스로 만드는 것입니다. 납득할 만한 공정한 평가를 하지 못하는 리더와 상사는 조직을 죽이고 기업을 병들게 하는 암적인 존재입니다.

- 산에 오를 때 가장 힘든 순간은 정상이 어디인지, 얼마나 더 가야 하는지 모를 때입니다. 목표가 없을 때와 같은 상황입니다. 소도 언덕이 있어야 비빈다고 합니다. 목표라는 언덕이 없다면 소도 오를 이유가 없습니다. 목표 설정은 더 높이, 더 멀리 달음박질하게 만드는 추진기를 다는 것입니다.

목표에 필사적으로 매달려 보십시오.
목표 달성에 몸부림을 쳐 보십시오.
고통의 흔적만큼
성과를 올린 것입니다.

- 목표를 채찍질하기 좋은 당근은 '라이벌'입니다. 주변에 선의의 경쟁자를 찾아 지지 않으려고 노력해 보십시오. 세상은 경쟁을 통해 성장했고, 개인의 경쟁력 향상을 위한 최대 무기는 경쟁의식입니다. 경쟁은 나를 성장시키는 동력이고, 나태해지기 쉬운 나를 더욱 분발시키는 좋은 자극제입니다.

- 행동심리학에 '일관성의 원리'가 있습니다. 자신이 한번 내린 결정에 책임을 지려는 경향이 있는데, 심리학자들은 이 일관성의 법칙이 행동에 큰 영향을 준다고 합니다. 말로 목표를 선포하면 우리는 그 말에 책임지려고 노력합니다. 성과 수첩을 꺼내 의미 있는 목표를 적고 선포하십시오. 선포만으로도 성과의 활시위를 당긴 것입니다.

- 목표에 도달하기 위해 최적의 방법을 찾아 도전했음에도 목표 달성을 못 했다면 그 이유는 대략 4가지입니다. 목표가 뚜렷하지 않았고, 집중하지 못했으며, 구체적인 실천 방안과 책임감 부족으로 볼 수 있습니다. 추가로 환경 문제를 들 수 있습니다. 목표 실패 원인을 집중적으로 분석하고 다시는 실패하지 않겠다고 노력하다 보면 길이 보이고, 그 길이 답을 보여 주며, 그 답이 성과로 다시 연결될 것입니다.

- 너무 힘들어 포기하고 싶을 때가 오면, 기업의 목표가 아닌 오늘 달성 가능한 나 자신의 작은 목표라도 다시 세워 보기 바랍니다. 목표를 갖는 건 부담을 높이는 게 아니라 '희망을 갖는 것'입니다.

- 최대의 목표보다 반드시 달성해야 할 최소의 배수진 목표가 더 위력적일 수 있습니다. 시간을 정해 놓고 하는 1시간 운동이 아니라, 새벽부터 저녁까지 오늘 반드시 10분은 운동하겠다고 마음먹고 꾸준히 실천하면 습관처럼 몸에 밸 것입니다. 큰 목표가 좋은 것이 아니라, 반드시 실천 가능한 목표가 힘 있는 목표입니다.

- 자동차가 기간을 정해 놓고 정기 점검을 하는 것은 안전하게 오래 타기 위함입니다. 목표도 마찬가지입니다. 목표를 실천하고 있다면 틈틈이 한발 뒤로 물러나 부족한 부분, 개선할 사항을 냉정히 반성하고 점검하는 시간을 가져야 합니다. 그래야 성과의 배가 길을 잃지 않고 올바른 방향으로 갈 수 있습니다.

- 마라톤에는 '데드 포인트(Dead Point)'가 있습니다. 선수가 숨이 막혀 더 이상 달릴 수 없는 극심한 고통의 순간을 말하는데, 보통 41.195km 지점입니다. 그러나 이 지점까지 달린 선수가 포기하는 경우는 그리 많지 않습니다. 왜냐하면 조금만 가면 결승점이라는 것을 알기 때문입니다. 힘들어도 결승점을 생각하십시오. 산이 가파르면 정상도 가깝습니다. 원하는 목표의 결과물이 그리 멀리 있지 않습니다.

- 목표에 욕심이 있어야 합니다. 그 이유는 욕심은 동기를 만들고 열정을 생산해 내기 때문입니다. 목표 달성에 열정 없이 이루어진 위대한 성과는 없습니다. 견고하고 뚜렷한 성과의 목표, 분명하고 자발적인 목표는 의욕을 만들고 성과를 만들어 냅니다.

시간

: 돌아오지 않는 화살

하루하루 어김없이 마주하는 것, 바로 시간입니다. 시간을 인생과 돈으로 많이 비유하는 건, 시간을 효과적으로 사용하는 자체가 '경쟁력'이기 때문입니다.

기업에게 있어 시간은 돈입니다. 시간을 효과적으로 잘 활용하는 것이 생산성 향상이고, 생산성 향상은 곧바로 성과로 연결되기 때문입니다. 개인도 마찬가지입니다. 시간 관리를 잘하는 사람이 성과를 만들어 낼 수 있습니다.

시간은 매일 주어지다 보니 시간의 소중함에 대해 생각할 기회가 많지 않습니다. 그러나 시간 여유가 많다고 해서 낭비해도 좋은 시간은 결코 없습니다. 지나간 과거의 시간을 두고 후회와 변명을 하지 않도록 오늘 의미 있는 시간을 보내야 합니다.

내가 선택한 기업은
분명한 것을 요구합니다.
'정해진 시간 안에
원하는 성과를 낼 것!'

- 시간은 3단계로 구분됩니다. 과거, 현재, 미래. 이 중 내가 선택할 수 있고 통제할 수 있는 것은 현재, 바로 '지금'입니다. 현재에 충실하지 않고 밝은 미래를 만들 수 없습니다. 내일의 나는 오늘의 내가 만든 것입니다. 현재의 시간을 잘 활용하십시오. 오늘이 내일이고, 미래입니다.

- 바쁘게 일하지만, 성과 없이 제자리 뛰기만 반복하고, 앞으로 한발도 나가지 못하고 있습니다. 바쁨에 빠져 효과적으로 일을 못 해 어려움을 겪는 이유는 크게 두 가지가 있습니다. 첫째, 목표가 불분명하기 때문입니다. 뚜렷하고 합리적인 목표가 선행되어야 하고, 목표에 도달하기 위한 전략을 잘 세워야 합니다. 둘째, 시간을 나눠 효과적으로 사용하지 못했기 때문입니다. 우선순위를 정하고 해야 할 일을 시간대별로 세분화해 자기 체크를 해야 합니다. 일하는 시간을 늘리기보다 일하는 방법을 바꾸길 권합니다. 시간과 돈은 항상 부족하기에 효과적으로 사용해야 합니다.

- 일은 시간과의 싸움입니다. 즉, 성과는 시간과의 전쟁입니다. 시간을 많이 들인다고 원하는 성과를 얻는 것이 아닙니다. 능률을 올릴 수 있는 적절한 시간 분배 계획과 마감을 정해 놓아야 합니다. 시작, 중간, 마감 시간을 정해 놓는 것은 일의 집중도를 높일 수 있습니다. 회의 시간에 시작과 끝 시간을 정해 놓으면 보다 몰입하게 되는 것처럼.

- 계절은 다시 돌아오지만, 시간은 다시 돌아오지 않습니다. 시간은 한 치의 게으름도 없이 물레방아처럼 돌아가고 있습니다. 시간은 모두에게 공평합니다. 뭐든지 때가 있습니다. 하지만 시기를 놓쳤다고 해서 가능성까지 놓친 건 절대 아닙니다. 지금 이 시간이 바로 성과를 만들 적기입니다.

- 한국 사람들은 열심히 일한다고 합니다. 저는 이 말에 동의하지 않습니다. '열심히'가 아니라 '오래 일한다'가 맞습니다. 성과를 올리기 위해서는 효과적으로 일하는 방법, 즉 시간을 줄이고 생산적으로 일하는 것이 먼저 선행되어야 합니다. 시간을 효율적으로 활용하는 것이 기업과 개인의 '경쟁력'입니다.

- 자기 관리를 잘한다는 것은 시간 관리가 철저하다는 뜻입니다. 시간 관리를 잘하기 위해서는 자기 체크가 중요합니다. 그래야 불필요한 시간을 줄이고 시간을 더 효율적으로 사용할 수 있는 방법을 찾아냅니다. 시간을 낭비하지 마십시오. 내일로 미루지 마십시오. 미루는 것은 시간을 도둑질당하는 것입니다.

- 행복을 위해 반드시 확보해야 할 것이 있습니다. 그건 바로 시간입니다. 시간의 공급을 늘릴 수 없는 제한적인 여건 속에서 우선순위를 정하고 불필요한 시간을 제거해야 합니다. 그래야 나만의 시간을 만들 수 있습니다.

- 시간은 기억을 지워 주고 마음의 상처를 치료해 주는 능력이 있습니다. 또한 다시 새로운 삶을 시작할 수 있는 용기를 주지만 초심까지 잃게 합니다. 왜 성과를 만들어야 하는지 초심을 잊지 마십시오. 초심이 튼튼할수록 성과의 크기가 커집니다.

• 우리는 중요한 것을 착각하며 살 때가 있습니다. 그건 바로 시간이 '무한하다'는 착각입니다. 성과 앞에 장사 없듯, 세월 앞에 장사 없습니다. 미루려는 게으름(가난한 자들의 공통점은 게으름입니다)의 습관이 나의 발목을 잡지 않도록 지금, 바로 행동하는 습관이 있어야 합니다. 그 습관 하나만으로도 성과의 반은 얻은 것입니다.

• 시간을 함부로 물 쓰듯 사용하고 성과를 올린 사람은 없습니다. 시간은 절약할 수도, 축적할 수도 없으니 공평하게 주어진 시간을 효과적으로 잘 활용해야 합니다. 시간은 '대체 불가능한 한정 자원'입니다. 시간을 관리하고 통제하지 못하면 직장과 삶을 관리하지 못한 겁니다. 지나간 시간은 어쩔 수 없습니다. 하지만 지금과 다가올 시간은 내가 통제하고 관리할 수 있습니다. 시간을 통제할 수 있다는 것은 자신을 관리할 수 있다는 것입니다. 지금 나에게 허락된 시간만이 내 것입니다.

• 비성과자들의 공통된 변명은 '시간이 없어서'입니다. 사실 시간이 없어서가 아니라 관심과 의지가 없어서 아닙니까? 기업은 '시간이 없어서'라는 말을 믿지 않습니다. 아무리 바쁘더라도 사랑하는 사람이 생기면 시간을 내듯, 시간이 없는 것이 아니라 관심과 열정이 없는 것입니다.

시간을 어떻게 활용하느냐에 따라
나의 가치가 결정됩니다.

- 시간을 효과적으로 사용한다는 것은 낭비되는 시간을 줄인다는 것입니다. 낭비의 시간을 줄이는 방법은 두 가지입니다. 하나는 목표를 세우는 것, 또 하나는 정해진 시간 안에 효과적으로 움직이고 집중하는 것입니다. 항상 기억해야 합니다. 어떤 상황 속에서도 시간은 항상 나를 기다려 주지 않는다는 것을.

- 치열하게 나 자신을 돌아보고 스스로 반성하지 않으면 발전은 없습니다. 나는 지금 최선을 다하고 있는가? 불필요한 게임과 SNS, 스마트폰에 집착해 성과를 올릴 수 있는 시간을 낭비하고 있지 않은가? 스스로 질문을 해 보십시오. 나는 오늘 최선을 다했는지. 이 물음에 자유로울 수 있다면 오늘 성과가 없어도 보람된 하루를 보낸 겁니다.

- 시간을 낭비한다는 것은 내가 원하는 삶에서 점점 멀어져 가고 있다는 것입니다. 목표를 가지면 시간 낭비를 줄일 수 있습니다. 시간을 잘 활용하는 최고의 방법 중 하나는 목표를 설정하고 움직이는 것입니다.

- 시간은 모두에게 똑같이 주어지지만 쓰는 자에 따라 상상할 수 없을 정도로 효과가 다르게 나타납니다. 내가 진정 하루를 어떻게 보내야 하는지 정확하게 알고 움직인다면 성과를 만드는 일은 시간문제일 뿐입니다.

- "누구든지 그리스도 안에 있으면 새로운 피조물이라, 이전 것은 지나갔으니 보라 새 것이 되었도다."(성경, 고린도 후서 5장 17절) 지나간 날의 상처와 아픔이 미래를 저당 잡지 말아야 합니다. 상처를 가슴에 품고 있다면 나를 위해서 마음 휴지통을 깨끗이 비워야 합니다. 시계는 지나간 시간을 가리키지 않습니다. 과거에 사로잡혀 있지 말고, 앞에 있는 것을 잡으려고 지금 노력해야 합니다. 지금과 미래가 중요합니다.

- 오늘을 어제로 바꿀 수 없듯, 과거는 후회해도 바꿀 수 없습니다. 아직 오지 않은 미래를 미리 걱정할 필요도 없습니다. 답은 '현재' 입니다. 지금 현실에 충실하지 않고 미래의 성과를 기대한다는 것은 있을 수 없는 일입니다. 오늘, 지금에 집중하십시오.

- 성과를 올리고 싶다면 시간 약속을 중요하게 생각해야 합니다. 고객과의 시간 약속은 눈에 보이지 않는 신용장과도 같기 때문입니다. 약속을 잘 지키는 사람은 저절로 믿음이 생깁니다.

- 시간 관리에서 중요한 것을 요약하면 마감 시간이 정해져 있는 목표 설정, 우선순위 정하기, 자투리 시간을 활용하기입니다. 위의 3가지를 기준으로 내가 지금 얼마나 실천하고 있는지를 스스로 체크해 보면 현 상황을 알 수 있습니다. 시간 관리는 성과를 올리기 위해 중요하게 관리해야 합니다. 시간을 잘 활용하지 못해 일에 쫓기는 사람일수록 결과가 좋지 않습니다. 시간(마감) 압박으로 인해 스트레스를 많이 받게 되면 건강을 해치게 되고, 계획대로 실천하지 못해 직장과 고객에 신뢰를 쌓을 수 없어 물질적으로도 큰 손해를 보게 됩니다. 또 한 가지 챙겨야 할 것을 덧붙이면 주변의 환경 정리도 빼놓을 수 없습니다. 일에 집중력을 떨어트리는 것에서부터 멀어져야 합니다. 그래야 효과적으로 시간을 관리하고 사용할 수 있습니다.

3.
실행이
답이다

실행

: 무엇이든 얻고 싶다면 실행 말고 답은 없습니다

아들이 중학교 1학년 때 신체검사를 위해 채혈을 해야 했습니다. 주삿바늘이 무서워 첫 번째 병원 방문은 실패했고, 몇 달 후 재차 병원을 찾았을 때도 4시간 동안 저와 간호사 누나들을 많이 힘들게 했습니다. 겁도 주고 용기를 주는 말도 했지만, 죽기 살기로 버티는 아들의 힘을 이길 수 없었습니다. 병원이라는 중압감, 상상 속의 부정적인 생각과 주변 아이들의 비명에 가까운 울음소리 등, 심리적으로 안정을 찾지 못해 팔을 뻗지 못한 겁니다.

점심시간이 다가왔습니다. "마지막으로 한번 용기를 내 볼래, 아니면 갈까?"라는 저의 물음에 기도를 해 달라고 했습니다. 이번에도 실패해 다시 집으로 돌아가면 언젠가 또 병원에 와야 하고, 누가 이 상황을 대신해 줄 수 없다는 것을 본인도 잘 알고 있기 때문입니다. 결국 저와 목사님의 전화 기도로 채혈에 성공했습니다. 끝나고 나서 물어보니 생각보다 아프지 않았다고, 이걸 가지고 왜 그렇게 고생했나 본인도 멋쩍은 표정을 지으며 정신적인 고통에서 벗어났는지 기분 좋은 고백을 하더군요.

기업과 개인이 성과를 올리기 위해 처음부터 위대한 발걸음을 할 필요는 사실 없습니다. 작은 용기를 통해 한 발을 내딛는 실천만이 필요할 뿐입니다. 지나고 나서 '그때 내가 왜 그렇게 망설였지?' 하는 후회를 하지 않도록, 미루지 말고 오늘 실천을 통해 성과를 만들어 보십시오. 모든 결과물은 실천했을 때 비로소 만들어진다는 것을 잊지 마십시오. 꾸준히 행동하고, 부지런히 움직이는 분들은 평범함을 넘어 비범함을 만들어 냅니다. 그분들이 성과의 기적을 만들어 내는 주인공이고, 여러분도 분명 그 주인공이 될 수 있습니다.

성과는 행동하는 자의 것입니다.

- 2016년 5월 3일, 15~16년 잉글랜드 프리미어리그는 132년 만에 첫 우승을 한 '레스터 시티'를 두고 축구 역사상 최고의 사건, 흙수저가 이뤄 낸 반란으로 비유하고 있습니다. 개막전 도박사들은 레스터 시티가 우승할 확률을 0.02%, 즉 5,000:1로 점쳤습니다. 그 이유는 빅리그 2년 차에 전년도 성적은 강등을 겨우 면한, 2부 리그가 익숙한 팀이기 때문입니다. 베스트 11의 몸값은 타 구단 선수 한 명의 몸값도 안 되었지만, 감독을 중심으로 맞춤형 전술과 아버지 같은 자상함의 리더십으로 뭉친 팀은 결국 역사에 길이 남을 영화와 같은 기적을 만들어 냈습니다. 열심히 노력하면 누구도 배신하지 않는다는 것을 그들은 증명해 보였고, 많은 사람들에게 용기를 선물해 주었습니다. 누구나 기적이 일어나길 바라고 있습니다. 그러나 기적은 절실함을 행동으로 옮긴 사람에게 돌아갑니다.

- 우리가 살고 있는 사회와 조직, 환경은 그리 호락호락하지 않습니다. 부단히 노력하고, 부딪치고, 도전해야 성과를 얻을 수 있습니다. 행동을 통해 항상 깨어 있어야 합니다. 그래서 사냥감이 아닌 무언가를 반드시 잡는 '사냥꾼'이 되어야 합니다.

- 생각해 보면 큰 물고기가 작은 물고기를 잡아먹는 게 아니라, 느린 물고기가 잡아먹히는 것입니다. 게으름은 모든 것의 적입니다. 내가 성과를 내겠다면 당장 성과를 올릴 일을 해야 합니다. 게으름을 치료할 수 있는 대체 불가한 약은 두 가지입니다. 하나는 '지금'이고, 또 하나는 '바로'입니다. 미루지 말고 실행하십시오. 최고의 타이밍은 지금입니다.

- '끌어당김의 법칙'은 '어떤 바람이나 대상에 대해 간절히 생각하면 그 일이 실제 일어날 가능성이 높아지는 것'을 말합니다. 간절히 바라는 성과를 초과 달성하는 생각, 그 생각이 현실이 되게 하는 건 실천입니다. 성과의 첫걸음은 실천에서 만들어집니다. 실천의 발걸음을 내디뎌 보십시오. 먼 산을 넘고 싶다면 바로 앞산부터 넘어야 합니다.

- 일본 프로야구 선수 '가와카미 데쓰하루'는 현역 시절 타격의 신이라는 명성과 함께, 자이언츠 감독으로도 9연패라는 누구도 넘볼 수 없는 기록을 달성했습니다. 그는 "나름대로 최선을 다한 사람에게 운이 따르기 마련이다."라고 했습니다. 성과는 역량과 노력이 잘 버무려져 나오는 결과지만 분명 행운도 있어야 합니다. 그러나 노력하지 않고 가만히 앉아서 기다리는 사람에게는 행운도, 기회도 찾아오지 않습니다.

- 절대로 성과를 올릴 수도, 성공할 수도 없는 사람이 있습니다. 그건 '실천 없이 계획만 있는 사람'입니다. 성과의 결과물은 식당에서 가만히 앉아 주문만 하면 나오는 음식이 아닙니다. 성과를 올린 사람들은 말합니다. 걱정할 시간에 움직이라고. 나를 위해 기다려 주는 티켓은 세상 어디에도 없습니다. 시도하지 않아 후회만 쌓이기 전에 내가 먼저 달려가 잡아야 합니다.

- 인간의 언어 중 가장 강력한 힘을 발휘하는 것 중 하나가 바로 '행동'입니다. 그 이유는 행동은 수많은 결과를 만들어 내는 생산 공장이기 때문입니다. 내일부터가 아니라 오늘부터, 다음부터가 아니라 지금부터, 내일 무엇을 할지가 아니라 오늘 무엇을 해야 하는지가 중요합니다. 머리만 굴려선 밭을 갈 수 없고 단 하나의 열매도 수확할 수 없습니다. 미룸과 게으름은 나의 가장 큰 적이라는 것을 기억하십시오. 지금까지보다 '지금부터'가 중요합니다. 지금 시작한 일이 나중에 큰 파란을 일으킬 대단한 일이 될 줄 아무도 모릅니다.

- 성과를 올리는 사람들은 실패하지 않아서가 아니라, 포기하지 않았기 때문에 원하는 성과를 만들어 낸 것입니다. 실패하지 않는 사람은 없습니다. 만약 있다면 그 사람은 아무것도 시도하지 않은 사람입니다. 실패했다고 주저앉을 필요가 전혀 없습니다. 실패는 단지 조금 더 시간이 필요하다는 것뿐입니다. 역사 속 성공 이야기는 성과를 올린 사람들이 주인공이 아니라, 넘어지고 아팠지만, 오뚝이처럼 다시 일어섰던 사람들의 기록물입니다. 그 도전자들은 순간순간마다 용기를 선택했고, 그 용기가 성과를 만들었습니다.

- 하드보일드 소설의 거장 '오사와 아리마사' 씨는 등단 후 11년 동안 28권이나 책을 냈지만 모두 초판에 그쳤습니다. '영원한 초판 작가'라는 원치 않는 별명까지 얻은 그는 29살 때 『신주쿠 상어』라는 책을 썼는데, 이 책은 600만 부 이상 팔렸습니다. 이 작품은 다수의 문학상을 받았고, 영화로도 만들어졌습니다. 아무리 노력해도 제자리걸음을 하고 있다고 느낄 때가 있습니다. 성장은 멈춰 있고, 오히려 뒤처지는 것 같은 때가 있습니다. 이건 '플래토(Plateau)'라고 하는 '일시적인 정체 현상'일 뿐입니다. 분명히, 확실히 알아야 할 것은 노력한 만큼 무언가를 남기고 있으며, 성장하고 있다는 것입니다.

사람들은 말을 믿는 게 아니라
행동을 믿습니다.

- 성과를 올리고 싶다면 지금 무언가를 해야만 합니다. 바람개비는 바람이 불 때는 자연스럽게 돌아가지만 그렇지 않을 때는 바람개비를 가지고 적극적으로 뛰어야 합니다. 자신과 조직, 그리고 기업에 성과로 응답해야 합니다. 지금은 성과의 기회를 잡기 위해 적극적으로 뛰어야 할 때입니다.

- 재능을 가지고 있는 것과 재능을 발휘하는 것에는 엄청난 차이가 있습니다. 재능은 누구나 다 있습니다. 다만 어떤 재능을 가졌는지 찾지 않았거나 아직 못 찾은 것뿐입니다. 재능에는 한계가 있지만, 노력에는 한계가 없고, 노력과 끈기는 분명 재능을 압도하는 힘이 있습니다. 누구나 폭발적으로 발휘할 역량을 가지고 있습니다. 그 활시위를 내가 당겨야 합니다.

- 쉼표가 모여 마침표가 되고, 점선이 모여 선을 이루듯, 무엇인가를 얻기 위해서는 꾸준히 뿌려야 합니다. 뿌린다는 것은 움직인다는 것이며, 노력한다는 것입니다. 노력의 씨를 꾸준히 뿌리지 않는다면 가만히 있는 마음속에 게으름의 잡초만 무성하게 자랄 뿐입니다. 움직이십시오! 첫술에 배부를 수 없습니다.

- 올림픽 육상 선수보다 더 빨리 달릴 수 있는 비법이 있습니다. 출발과 동시에 내 등 뒤에서 며칠 굶은 호랑이가 나를 잡아먹으려 뛰어온다고 생각하면, 나는 살기 위해서 전력을 다해 뛸 것입니다. 매일매일 그렇게 생활할 수는 없지만, 성과를 올려야 할 중요한 승부처에서는 전력을 다하는 강한 승부욕이 있어야 성과를 창출할 수 있습니다.

- 중국 동부 지역에서만 자라는 '모소'라는 대나무는 4년 동안 3cm만 자라지만, 5년부터는 하루 30cm씩 6주 동안 15m 이상 자란다고 합니다. 모소는 4년 동안 인내의 뿌리를 깊게 내리고 있었습니다. 정성을 다해 가꾼 모든 꽃은 정확히 같은 시기에 다 피지 않습니다. 중요한 것은 꼭 핀다는 것입니다. 성과도 마찬가지입니다. 내가 원할 때 성과를 얻고 싶지만 그렇지 않을 때가 있습니다. 그러나 잊지 말아야 할 것은 당장 성과가 없어 힘들어도 '노적성해(露積成海, 이슬이 모여 바다를 이룬다)'처럼 꾸준하면 언젠가는 꼭 성과를 얻는다는 것입니다. 오늘도 움직여야 합니다.

- 하나의 작은 꽃은 오랜 세월 수고가 만들어 낸 소중한 결과이고, 명검도 수많은 단련을 이겨 내야 비로소 날이 서는 것입니다. 하루아침에 이루어지는 것은 없습니다. 뿌림의 법칙처럼 계속 뿌릴 때 성과의 수확을 맛보게 될 것입니다.

- 이 세상에서 가장 먼 길은 '마음에서 행동까지 이르는 길'입니다. 마음먹은 것을 행동으로 옮기기까지 머릿속에서 치열한 싸움을 합니다. 늘 생각과 행동 사이에는 간극이 있습니다. 마음속에 있다고 다 내 것은 아닙니다. 행동으로 녹여 내야 비로소 진정한 내 것이 되는 것입니다.

- 현재 상황을 직시하지 않고 도망간다면 해결될 일은 없습니다. 또한 성장할 수도 없습니다. 하고자 하는 마음과 실천 사이에 갈등이 많을지라도, 현재 상황을 진솔하게 마주 보며 반발이라도 앞으로 나가야 합니다. 앞으로 나가는 걸음을 멈추면 결국 나만 뒤처질 뿐입니다. '할 수 있다!'라는 마음으로 실천해 보십시오. 실천하면 성공 확률은 100%까지 올라가지만, 실천이 없다면 성공 확률은 0%입니다.

- 멕시코 중부 시에라 협곡에 거주하는 '타라후마라' 부족은 창과 활로 사냥을 하지 않고 두 발로 사냥을 한다고 합니다. 동물의 피 냄새를 맡아 가며 계속 쫓아 결국 동물을 잡습니다. 상식적으로 이해되지 않는 사냥 방법이지만, 언젠가는 내가 꼭 잡는다는 생각 으로 먹잇감을 쉬지 않고 뒤쫓습니다. 포기하지 않는 집념이 있다 면 언젠가는 반드시 성공한다는 것을 타라후마라 부족이 증명해 보이고 있습니다. 포기는 잠시의 편안함을 주지만 희망까지 지워 버린다는 것을 잊어서는 안 됩니다. 달콤한 포기보다 쓴 인내를 마셔야 제대로 힘이 납니다.

- 다소 지식이 부족하더라도 적극적이고 열정적이며 긍정적인 태도 를 보인 사람이 성과를 만들어 내는 사람입니다. 열정이 있는 사 람은 주변 사람들을 청소기처럼 빨아들이는, 매력이 넘치는 사람 입니다. 또한 기회라는 선물을 끌어안을 수 있는 사람입니다. 나 는 열정적입니까?

세상에 위대한 말은 없습니다.
그 위대한 말을 증명할
실천만 있을 뿐입니다.

• 펌프에 물이 안 나올 때 물을 끌어 올리기 위해 처음 붓는 물을 '마중물'이라고 합니다. 그런데 마중물만 붓는다고 해서 물이 올라올까요? 절대 그렇지 않습니다. 물이 올라오기 위해서는 펌프질이라는 '행동'이 있어야 합니다. 천 마디의 말보다 한 번의 행동이 더 중요합니다.

• 인류의 발명품은 사람에게 편안함을 선물했습니다. 그러나 그 안락함에는 '대사 증후군'이란 병이 따라옵니다. 편해서 생긴 이 병은 움직임으로 치료할 수 있습니다. 미루지 말고 움직이십시오. 몸을 움직이면 마음이 정리되고, 건강과 성과도 잡을 수 있습니다.

• 원하는 목표를 달성하기까지 굴곡이 많습니다. 그 이유는 바로 실행에 옮겼더라도 성과의 열매가 곧바로 나오지 않는 경우가 많기 때문입니다. 뭐든지 하루아침에 이루어지는 건 없습니다. 승진, 성공, 다이어트, 공부, 인간관계를 통한 행복도 꾸준히 심어야 얻어지는 수확입니다. 작은 걸음이라도 한 발, 한 발 내디뎌 보십시오. 오늘 걷지 않는다면 내일은 뛰어야 합니다.

- 한나라의 명장 '이광(李廣)'은 어릴 때부터 힘이 장사고 성격이 쾌활하여 동네 아이들과 산야를 달리며 사냥을 하기 좋아했습니다. 그는 또 명궁이어서 그가 화살을 쏘면 새나 짐승들은 살아남을 수 없었습니다. 그런 그가 어느 날 혼자 사냥을 하다 깊은 숲 속에서 길을 잃고 말았습니다. 그런데 풀숲에서 거대한 호랑이가 자신을 노려보고 있었습니다. 그는 깜짝 놀란 가슴을 진정시키고 화살을 날렸습니다. 만약 빗나가면 호랑이 밥이 되고 말 것입니다. 화살은 명중했지만, 호랑이는 쓰러지지 않았습니다. 이상하게 생각해 가까이 가 보니 화살을 맞은 것은 바로 호랑이가 아니라 호랑이 형상을 한 바위였습니다. 이광은 다시 바위를 향해 화살을 날려 보았지만, 화살은 바위에 튕겨 나가고 화살대도 부러지고 말았습니다. (『미치도록 나를 바꾸고 싶을 때』, 안상헌, 북포스, 2009) 호랑이라 생각하고 날린 화살과 달랐던 겁니다. 절박하면 화살로 바위도 뚫을 수 있습니다.

- 한 마리 여우가 토끼를 쫓고 있습니다. 그러나 그 여우는 토끼를 잡을 수 없습니다. 그 이유는 여우는 한 끼 식사를 위해 뛰지만, 토끼는 살기 위해 뛰기 때문입니다. 해도 그만, 안 해도 그만이라는 마음과 행동으로 무엇을 이루고 얻을 수 있겠습니까? 절박해 보십시오. 절박함은 적극적인 행동을, 그 행동은 성과를 만들어 낼 것입니다.

- 행동한다고 반드시 성과가 있지는 않습니다. 그러나 행동 없이는 성과를 얻을 수 없습니다. 아무리 뛰어난 아이디어도 실천 없이 생각만으로 그친다면 그 어떤 유익한 영향도 끼칠 수 없습니다. 살면서 가장 경계해야 하는 것은 느린 것이 아니라, 진정 무엇을 원하는지 모르는 것과 아무것도 하지 않고 가만히 멈춰 있는 것, 그리고 포기하는 것입니다.

- 금연과 금주에 성공하고 싶습니까? 하루를 참겠다고 결심하고 참아 보십시오. 그 하루하루가 쌓이고 쌓이면 성공하는 것입니다. 성과도 마찬가지입니다. 피라미드도, 만리장성도 하나의 돌을 쌓는 것에서부터 시작되었습니다. 하루에 집중하십시오. 세상의 모든 일은 한 걸음, 한 걸음이 모여 마침내 끝에 이르는 것입니다.

- 어떤 것도 시도하지 않으면, 즉 행함이 없다면 희망도, 소망도 이룰 수 없습니다. 안 된다며 하지 못할 핑계만 찾지 말고 오늘 당장 할 수 있는 작은 일부터 시작해야 합니다.

- 사람 낚시 대회에서 1등을 한 마귀가 있습니다. 그 비법은 바로 '포기'라는 미끼를 썼던 것입니다. 사람들이 포기를 좋아한다는 것을 그 마귀는 알고 있었습니다. 포기는 마귀의 달콤한 유혹입니다. 그러나 포기하지 않는다면 기회는 찾아옵니다. 끈기 있게 물고 놓지 않는 투혼이 필요합니다. 포기하지 않으면 결코 끝난 게 아닙니다.

- 성과를 달성하는 사람들은 한결같은 꾸준함과 함께 목표 달성까지 포기하지 않는 승부 근성이 있습니다. 하루하루 목표를 이루기 위해 가치 있게 보내십시오. 일회성이 아닌, 반복적이고 주기적으로 전심을 다 해 노력하는 사람은 신도 결코 외면하지 않습니다.

- 성공은 스펙의 차이가 아니라 누가 더 적극적으로 움직이느냐의 차이입니다. 몸이 마음을 이겨야만 행동이 시작됩니다. 무언가를 움켜쥐려면 움직여야 합니다. 내 능력이 어디까지인지 독한 마음으로 도전하면 성과의 금메달을 딸 수 있습니다.

아무것도 하지 않으면
아무것도 이룰 수 없습니다.

- 『사람은 무엇으로 성장하는가』의 저자 존 맥스웰은 지금 해야 할 일을 미룰수록 실천하지 않을 가능성이 커지는 걸 '의도성 체감의 법칙'이라고 했습니다. 다음이 아니라, 내일이 아니라, 바로 지금 움직이는 것이 중요합니다. 실천하는 행동가들은 '바로', '지금'이라는 말을 계속 반복하며 강조합니다. 움직이고 노력한 만큼 미래의 걱정과 두려움은 줄어듭니다. 해야 할 일을 미루지 말고, 실천하는 하루를 만드십시오.

- 도전하지 않는다면 내가 얼마나 대단한 사람인지 알 수 없습니다. 결국 덤벼 보고, 부딪쳐야만 무언가를 얻을 수 있습니다. 바라고 원하는 것이 있습니까? 그럼 움직여 보십시오. 그래서 내 것으로 만들어 보십시오. 남들보다 한발 더 앞서고 싶다면 실천 말고 답은 없습니다.

- 국가적인 지원을 받고 300여 명의 연구진을 거느린 랭글리 교수도 성공 못 한 일을 해낸 이들이 있습니다. 바로 '라이트 형제'입니다. 그들은 최초의 동력 비행기를 만들었습니다. 무엇이 달랐을까요? 그건 바로 '열정'의 차이입니다. 열정은 어떤 일을 처음 시작할 때의 설렘이 아닙니다. 꾸준히 참고 이겨 내는 힘, 끈기로 무장한 지속성 있는 그 땀을 열정이라고 합니다. 지금 성과를 향해 도전하는 내 열정의 온도는 몇 도입니까?

- 성과의 전쟁에서 쉬지 않고 목표를 향해 전진해야 하지만, 어느 순간 연료가 바닥난 자신을 발견할 때가 있습니다. 신호등의 노란 등처럼 경고등이 깜빡거리고 '부저추신(釜底抽薪, 가마솥 밑에서 장작을 꺼냄)'처럼 성과의 동력을 잃어 갑니다. 잠시 숨 고르기가 필요합니다. 드라마 《리멤버, 아들의 전쟁》에 이런 대사가 나옵니다. "내가 날 포기하면 세상도 날 포기해 버리는 거예요." 맞습니다. 내가 일어서려고 노력하고 행동해야 다른 사람들도 나를 도와주는 것입니다. 용기란 자신을 믿는 것입니다. 용기를 붙들고, 나를 부여잡고 일어서십시오. 충분히 목표를 초과 달성할 수 있다는 것을 나 자신만 모르고 있지는 않는지요.

- 야구 선수들이 가장 부상을 많이 당하는 곳이 '홈 플레이트'입니다. 전력을 다해 홈으로 달려드는 주자와 포수가 부딪치기 때문입니다. 만약 주자가 우물쭈물한다면 바로 아웃될 것입니다. 직장 생활에서도 마찬가지입니다. 때로는 '들이대는' 적극적인 자세가 필요합니다. 우물쭈물하지 말고 바로 시작하십시오.

- 냉혹한 프로 세계에서 "나를 믿어 주세요!"라는 말은 통하지 않습니다. 실력으로 나의 가치를 보여 줘야 합니다. 이건 부정할 수도, 피할 수도 없는 냉정한 현실입니다. 프로야구에서 2할 후반 타자와 3할 타자의 안타 개수는 얼마 차이 나지 않습니다. 그러나 연봉은 엄청난 차이가 납니다. 간절한 마음으로 연습 시간을 늘리고, 스피드를 향상시킨다면 기회는 반드시 찾아옵니다. 그런 격렬한 몸부림의 도전이 실력을, 가치를 높여 준다는 것을 잊지 말아야 합니다. 이건 야구 선수에만 해당하는 것이 아니라 기업과 개인에게도 마찬가지입니다.

- 성과를 만든 사람은 '지금'이라는 말을 사용하고, 그렇지 않은 사람은 '나중'이라는 말을 사용합니다. 진정 성과를 위해 모든 것을 쏟아부었다면 시작이 아무리 늦어도 결과는 빠릅니다. 먼저 움직이십시오. 미루기만 한다면 기회는 영원히 놓쳐 버립니다.

- 리더는 언행이 일치해야 합니다. 즉, 신뢰를 주는 사람이 되어야 합니다. 리더는 사내에서 정치하는 사람, 기업의 특권을 누리며 자리를 차지하는 사람이 아니라 행동으로 보여 줘야 하는 사람입니다. 게으름을 뿌리치십시오. '다음에'라는 말은 포기 마귀가 가장 좋아하는 말입니다.

- 알고 있는 것과 실천하는 것에는 엄청난 차이가 있습니다. 아는 것만으로 얻을 수 있는 것이 무엇입니까? 고기를 잡고 싶다면 낚싯대를 드리우거나 그물을 던져야 합니다. 탐스러운 사과를 얻고 싶다면 떨어지기를 기다리지 말고 흔들거나 올라가 따 먹어야 합니다. 성과는 가만히 있는 사람에게 결코 오지 않습니다. 내가 찾아 나서야 합니다.

행동을 동반하지 않고
얻을 수 있는 건
시끄러운 말장난의 소음뿐입니다.

- 투수가 마운드에서 자신감이 없다면 결코 좋은 공을 던질 수 없듯, 할 수 있다는 자신감은 성과를 올리는 힘의 원천이 됩니다. 할까, 말까 저울질할 게 아니라 자신감을 갖고 부딪쳐 보는 겁니다. 그래야 뭐든 얻을 수 있습니다.

- 아시아 최초 노벨 문학상을 수상한 인도의 '라빈드라나드 타고르(Rabindranath Tagore)'는 말했습니다. "물을 바라보는 것만으로는 바다를 건널 수 없다."라고. 바다를 보고만 있는 사람과 바지를 걷고 물에 들어가 보는 사람은 느끼는 바가 서로 다를 것입니다. 행동이 뒷받침되지 않으면 좁은 생각의 틀에서 벗어날 수 없습니다. 행동을 통한 경험은 많은 아이디어를 주고, 성과를 올리는 중요한 지도 역할을 합니다. 경험을 해야 비로소 이해할 수 있고, 이해해야 제대로 움직일 수 있습니다.

- 목표를 종이에 적고 실천하지 않는다면 그건 그저 낙서일 뿐입니다. 실천은 성과를 얻을 수 있는 유일한 방법입니다. 생각은 차갑지만, 발바닥은 항상 뜨거워야 합니다. 물을 얻고 싶다면 땅을 파야 합니다. '말꾼'이 아니라, '일꾼'이 되어야 합니다.

- 기업에서 직원을 평가하는 척도는 여러 가지가 있습니다. 그중 진정한 척도는 바로 '책임감'입니다. 기업에 있어 자리를 걸고 책임을 진다는 말은 성과에 책임을 진다는 것입니다. 말과 성과에는 늘 책임이 뒤따라야 합니다. 그 책임이 행동을 만들고, 행동이 고성과를 만들기 때문입니다. 어느 곳에서 어떤 일을 맡아도 책임감이 강하다면 그 사람은 충분히 성과를 만들 준비가 되어 있는 사람입니다. 기업은 능동적이고 책임감이 강한 사람에게 많은 기회를 줍니다. 그 이유는 책임감은 성과의 보증수표이기 때문입니다.

- 성과라는 사막 한복판을 지날 때 중간중간 오아시스가 필요합니다. 오아시스는 '휴식'입니다. 양질의 좋은 휴식은 더 높은 성과를 만들어 냅니다. 쉬지 않고 찍는 도끼보다 쉬면서 날을 세운 도끼가 더 많은 나무를 넘어트릴 수 있고, 배터리가 나간 휴대폰을 켜는 유일한 방법은 충전입니다. 또한 휴식을 통해 나를 돌아보는 기회를 가질 수 있습니다. 잘 쉬는 사람이 일도 잘하고, 더 많은 성과를 만들어 낸다는 말이 정답입니다.

- 1998년 미국 육군은 전투 능력 향상 실험을 했습니다. 한 병사는 3일 내내 쉬지 않고 타깃을 맞히게 하고, 다른 병사는 휴식을 취하며 타깃을 맞히게 했습니다. 시험 첫날, 쉬지 않고 사격한 병사는 많은 타깃을 맞혔지만 둘째 날부터 정확도가 눈에 띄게 떨어졌고, 최종 성적은 오히려 잠깐씩 쉰 병사가 높게 나타났습니다. 목표를 향해 열심히 달려가는 자동차도 주유소에 들러 기름을 넣고 엔진을 쉬게 해야 합니다. 잠깐의 휴식은 더 높은 성과를 만드는 에너지를 공급합니다.

- 정보가 부족한 과거에는 '아는 것이 힘'이라고 말하며 정보가 곧 경쟁력이었습니다. 그러나 인터넷과 SNS가 발달한 지금은 정보의 힘이 점점 약해지고, 실천의 중요성이 더 커지고 있습니다. 움직여야 합니다. 생각을 행동으로 옮겨야 합니다. 생각만으로는 그 어떤 결과물도 만들 수 없습니다. 사회와 기업은 행동하지 않는 사람을 기다려 주지 않습니다.

- 승자는 행동으로 성과를 증명하고, 패자는 말로 행위를 변명합니다. 행동은 결과를 낳습니다. 행동하십시오. 성과자와 비성과자의 차이는 '오늘 실천했는가?'의 여부입니다. 행동하는 사람은 다른 사람에게 믿음이라는 보너스도 줍니다.

- 기회는 꾸준히 관심을 갖고 찾아야 보이는 것이지, 가만히 있는 사람에겐 기회도 보이지 않습니다. 움직이며 관심이 있는 곳에 안테나를 높이 세우십시오. 관심은 기회를 보게 합니다. 물론 기회를 봐도 행동이 없다면 아무 소용없습니다.

- 중국 진무제 사마염의 궁녀는 1만 명이 넘었다고 합니다. 그는 양을 풀어 양이 가는 처소에서 하룻밤을 보냈는데, 한 궁녀가 양이 좋아하는 대나무 잎을 자신의 처소에 놓아 양이 오게끔 했습니다. 가만있는 사람에게 기회는 오지 않습니다. 기회는 궁녀처럼 생각하고 움직이는 사람만이 잡을 수 있는 것입니다.

- 내가 처한 현실을 직시할 때마다 불평이 고개를 쳐들어 굶주린 사자처럼 덤벼듭니다. 거센 파도의 물살에 빠지지 않으려 안간힘을 다하는 모습이 현주소고, 기업은 성과표를 들이밀며 으름장을 놓습니다. 그렇지만 이런 때일수록 나에게는 없는 것보다 있는 것이 더 많다는 생각의 전환으로 다시 훌훌 털고 뛰어야 합니다. 움직임 속에 엉켜 있는 성과의 문제를 풀 비밀이 있습니다. 움직여 보십시오.

경력이 실력을 말해 주지 않듯,
스펙이 화려하다고
성과가 높은 것이 아닙니다.
성과는 실패해도 꾸준히 일어선 사람들, 간절
히 성과를 원하고 행동했던 사람들이
만들어 낸 작품입니다.

- 자본주의의 가장 큰 매력은 1등이 꼴찌가 되고, 꼴찌가 1등이 될 수 있다는 것입니다. 즉, 노력에 의해 성과를 창출할 수 있다는 것입니다. 성과를 위해 한 발, 한 발 걸어가십시오. 할 수 있습니다. 하면 됩니다. 할 일만 남았습니다.

- 우리는 누군가로부터 인정받고 싶은 욕구가 있습니다. 그럼 직장에서는 무엇으로 인정을 받아야 할까요? 인간관계, 성실성, 사내 정치 등 여러 가지가 있겠지만, '성과 창출'이 가장 최우선입니다. 그러기 위해 성과라는 무대 조명이 꺼져 있는 시간에도 열매의 씨앗을 뿌리는 것을 마다하지 않는 것입니다.

- 편안함에 익숙해져 호주머니에 손을 넣고 있다면 빨리 달릴 수 없습니다. 누구나 다 압니다. 나태함에서 멀어지고 행동해야 한다는 것을. 그러나 손을 빼고 달릴 용기가 나지 않고, 두려움이라는 벽을 넘기가 힘에 부칩니다. 그러나 주저하고 미루기만 한다면 기회라는 녀석은 점점 내 곁에서 멀어져 갈 것입니다. 망설이지 마십시오! 기회는 포기하지 않고, 실패를 딛고 일어서는 용기 있는 사람이 잡는 것입니다.

- 나무에서 저절로 떨어지는 열매는 벌레 먹은 상한 열매입니다. 성과는 싱싱한 과일과 같아 스스로 떨어지지 않습니다. 내가 나무를 흔들든, 도구를 사용해 따든, 성과를 얻기 위해서는 반드시 행동이라는 대가를 지불해야 합니다.

습관과 변화

: 자연스러운 습관, 침몰하지 않는 변화

같은 행동을 반복적으로 행하여 자연스럽게 몸에 스며드는 것을 습관이라고 합니다. 올바른 습관은 삶에 큰 자산이 되지만, 나쁜 습관은 자칫 삶을 나태하게 만들 수 있습니다. 이럴 땐 활력을 불어넣어 줄 카드가 필요합니다. 그건 바로 '변화'입니다.

변화는 나를 움직이게 하는 좋은 촉매 역할을 합니다. 예를 들어 헤어스타일에 변화를 주어도 활력이 됩니다. 집 안의 가구 위치를 바꾼다든지, 사무실 책상의 위치를 변경하는 것만으로도 작은 변화를 만들어 낼 수 있습니다. 오랜 시간 같은 방식으로 당연하게 했던 일도 좀 더 정확하고 빠르게 처리할 수 있는지 고민하고 변화해야 합니다. 이렇듯 변화라는 단어는 우리에게 활력과 생동감을 줍니다.

성과를 위해 변화를 디딤돌로 삼아 보십시오. 스스로 변화되는 건 없습니다. 바꾸려고 노력해야 합니다.

나를 뛰어나게 만드는 것은
재능이 아니라 습관입니다.

- 굳어 있는 나쁜 습관을 바꾸려고 하면 뇌에서 강한 저항이 시작됩니다. 런던대가 96명을 대상으로 실시한 유명한 연구에 따르면 습관은 형성하는 데 18일에서 254일 걸리며, 평균 66일 걸립니다. 좋은 습관을 만들기 위해 3일 문턱을 넘어 보십시오. 그럼 3주의 문이 기다립니다. 사람마다 습관 형성의 시간이 다릅니다. 중요한 것은 시간이 아니라, 꾸준히 행동이 동반되어야 한다는 것입니다.

- 많이 노력하는 것보다 더 중요한 것은 지속해서 노력하는 것입니다. 반복적으로 노력하다 보면 자기도 모르는 사이에 습관이 됩니다. 좋은 습관은 하루아침에 만들어지지 않습니다. 습관은 인내와 땀을 요구합니다.

- 사람은 반복되는 패턴에 대해 편안함을 느낍니다. 눈에 띄지 않게 자연스럽게 움직이는 것이 바로 습관입니다. 단순한 일을 꾸준히 반복하면 습관이 되고, 그 습관에 가속도가 붙으면 달인이 되는 것입니다.

- 우리 몸은 안정된 일정한 상태를 유지하려고 합니다. 이 특성을 '호메오스타시스(Homeostasis, 항상성)'라고 합니다. 우리는 이 항상성 때문에 습관을 바꾸기 힘듭니다. 하지만 나쁜 습관이라면 바꿔야 합니다. 좋은 습관은 나를 빛나게 하지만, 나쁜 습관은 나를 어둡게 하기 때문입니다.

- 습관적으로 즐거운 상상을 하면 신경계통에서도 즐거움을 느끼게 되고, 긍정적인 자기 암시에도 큰 도움이 됩니다. 습관적으로 행복하고 즐거운 생각을 하십시오. 세상을 이겨 낼 수 있는 맷집이 생깁니다.

- 메모하는 좋은 습관을 만들어 보십시오. 기록은 기억을 이깁니다. 어떤 일을 하고자 할 때 기억이 살아나야 행동할 수 있듯, 메모의 기록은 행동을 부릅니다.

- 습관의 힘은 무섭고도 강하다는 것을 누구나 잘 알고 있습니다. 습관은 편하지만 무섭습니다. 그래서 인간을 '습관의 노예'라고도 합니다. 좋은 습관은 노력을 해야 얻을 수 있지만, 나쁜 습관은 편안함을 무기로 몸이 빠르게 빨아들입니다. 나쁜 습관은 암 덩어리입니다. 건강할 때 제거하지 않으면 병으로 인해 많은 고통의 대가를 지불하고 제거됩니다.

- 습관은 머리가 아닌 무의식적인 반복 행동에서 나오는 것입니다. 우리의 뇌는 편안함을 느끼는 순간 활동을 멈춰 버립니다. 습관은 뇌를 멈추게 합니다. 창의적인 활동과 생각을 하고 싶다면 고정관념과 습관의 틀에서 벗어나야 합니다.

- 목표와 실천만 있다고 해서 목표를 향해 가고 있는 배에 계속 노를 저을 수 없습니다. 의지력이 중요합니다. 그 의지력을 계속 유지하기 위해서 습관이 있어야 합니다. 그 이유는 습관이 의지력을 지탱해 주기 때문입니다. 성과를 만들기 위해 좋은 습관이 꼭 있어야 합니다.

- 사소한 작은 습관이 오늘의 안전지대를 만들어 냈습니다. 안전지대는 편안함을 느끼게 해 변화를 거부하게 합니다. 틀에 박혀 있는 나만의 안전지대를 벗어나기 위해서는 위대한 결심과 그 결심을 증명할 지속적인 실천이 필요합니다. 안전지대를 벗어나야 비로소 새로운 세상을 만날 수 있습니다.

- 미국의 심리학자 윌리엄 제임스는 "우리 세대의 가장 위대한 발견은 사람은 태도를 바꿈으로써 자신의 삶을 바꿀 수 있다는 사실이다."라고 했습니다. 태도가 바뀌면 습관이 바뀌고, 습관이 바뀌면 인생이 바뀝니다. 나쁜 습관을 바꿀 용기를 내지 않는다면 삶은 변하지 않습니다.

- 건강이 좋지 않은 사람들의 공통점은 나쁜 습관을 가지고 있다는 것입니다. 처음에도 언급했듯 성과를 올리기 전에 먼저 건강부터 챙겨야 합니다. 과음, 흡연, 운동 부족, 나쁜 식습관에서 멀어져 소중한 건강을 챙기십시오. 예방이 치료보다 더 중요합니다.

성격도 기본적으로 습관입니다.
습관이 모여 성격이 됩니다.
성격이 원만하지 않다면
돌덩이처럼 굳어 있는
습관을 고쳐야 합니다.

- 좋은 습관을 얻기 위해서는 우선 내가 지금 어떤 습관을 고쳐야 하는지 알아야 합니다. 그러지 않고는 단 하나의 습관도 바꿀 수 없습니다. 좋은 습관은 만족할 만한 성과를 얻는 지름길입니다. 좋은 습관은 일관성 있게 목표를 향해 갈 수 있는 강력한 힘이 있습니다.

- 실천을 습관화하기 위해 가장 먼저 해야 할 일은 방해 요인을 제거하는 것입니다. 간단한 예로 휴대폰을 들 수 있습니다. 그리고 환경을 바꿔 보는 겁니다. 큰일이 아니더라도 매일 할 수 있는 일을 계속해 보는 겁니다. 보고서 시간 준수, 식사 시간 잘 지키기, 걷기 운동, 5분 동안 영어 단어 외우기 등 지속해서 반복해야 습관이 됩니다. 좋은 습관을 만들기 위해서 먼저 하루를 인내하고, 그다음 같은 시간에 같은 패턴으로 움직이는 것입니다. 잊지 마십시오. 나쁜 습관은 안락함을 무기로 쉽게 우리 몸에 파고든다는 것을. 좋은 습관은 노력과 정성을 줘야 얻을 수 있습니다.

변화는 머릿속이 아니라
용기 있는 행동에서 나오는 것입니다.
변화하십시오.
늘 하던 대로 하면
늘 얻는 것 그 이상은 없습니다.

- 사구아로라는 선인장은 200년 넘게 삽니다. 2~3년 비가 안 내려도 끄떡없고, 흙먼지와 뜨거운 열기 속에서도 꿋꿋이 살아남습니다. 그러나 십수 년에 한 번 비가 많이 오면, 비를 너무 많이 머금다 그 무게 때문에 뿌리째 뽑혀 넘어집니다. 가뭄이라는 한 가지 위험에만 대비하고 200년 넘게 살면서 변화에 대처하지 못한 겁니다. (『사람에게 돌아가라』, 장문정, 쌤앤파커스, 2015) 개인이나 기업도 변하지 않으면 언제든지 도태될 수 있다는 것을 알아야 합니다. 변화는 선택이 아닌 생존을 위한 필수입니다.

- 변화를 시도할 때 가장 먼저 생각해야 할 것이 있습니다. 나의 문제가 무엇인지 정확하게 알아야 한다는 것입니다. 의사가 정확한 병을 알아야 처방을 할 수 있듯, 왜 변화해야 하는지 자가 진단부터 해야 합니다. 그럼 어떤 문제든 분명히 해결할 수 있습니다.

- 변화의 시곗바늘이 빠르게 움직이고 있는 현대 사회에서 절대 강자는 존재하지 않습니다. 다만 변화에 탄력적으로 적응하고 움직이는 기업과 개인만 살아남는 것입니다. 그럼 왜 변화하는 기업이 살아남을까요? 변화는 발명처럼 불편의 문제의식에서 출발합니다. 그 문제의식은 기업과 개인을 개선시키고 경쟁력 있게 만들어 줍니다. 불편함은 지금까지 발견하지 못한 변화를 위한 새로운 기회입니다.

- 사회와 기업의 주변 환경은 세월의 바람을 타고 더 빠르고 냉혹하게 변해 가고 있습니다. 변화에 대비하고 적응하지 못하면 관대하지 못한 변화의 강물에 휩쓸려 떠내려가고 말 것입니다. 변화를 주저하지도, 두려워하지도 마십시오. 변화는 기회의 변장한 모습입니다.

- 변화에는 반드시 대가, 즉 희생이 따른다는 것을 잊지 마십시오. 희생 없이 얻으려고 하면 몸과 마음에 부작용이 생기기 마련입니다. 변화를 얻으려면 반드시 노력을 해야 합니다.

- 사람은 변화를 주저합니다. 그 이유는 사람은 현실에 안주하려는 본성을 지니고 있기 때문입니다. 변화해야 합니다. 그냥 그대로 머물러 있다면 개인과 기업은 항상 새로운 승자를 기대하는 시장에서 온전히 살아남을 수 없습니다. 변화의 시작은 고정의 틀에서 벗어나는 생각과 실천입니다.

- 변화는 마음에서부터 시작되고, 그 마음이 행동으로 옮겨집니다. 성과를 올리는 사람들에게 변화는 '기회'입니다. 현실을 힘겨워하면서도 정작 변화하는 사람은 많지 않습니다. 내가 아니면 그 누구도 바꿀 수 없습니다.

- 초심을 잃는 이유는 세상의 모든 것이 변하기 때문입니다. 세상에 변하지 않는 진리는 '세상의 모든 것은 다 변한다'라는 사실입니다. 잊지 마십시오. 편안함은 계속 제자리걸음만 하게 할 뿐입니다.

- 태양의 서커스가 성공할 수 있었던 요인은 기존의 서커스 방식을 버린 데 있습니다. 관객이 무엇을 요구하는지 철저히 분석하고 변화했기 때문에 놀라운 성과를 올릴 수 있었습니다. 고여 있는 물은 썩기 마련입니다. 기업이 원하는 성과가 무엇인지 정확히 알고, 변화를 망설이지 말아야 합니다.

- 팀의 성과를 높이기 위해서 리더가 갖춰야 할 중요한 것이 있습니다. 그것은 '변화'입니다. 리더는 자신이 먼저 변화하지 않으면 구성원들을 변화시킬 수 없다는 것을 잊고 구성원의 변화만 강조합니다. 정작 변화의 대상은 리더입니다. 리더는 가장 변화하기 어려운 사람입니다. 그 이유는 옛날의 성공 방식과 경험이 영원히 통할 거라는 착각 속에 살고 있기 때문입니다. 리더가 변하면 구성원들은 자연스럽게 변화합니다.

자신을 바꾸는 사람이
세상을 바꿀 수 있습니다.

- 변화의 속도는 우리가 생각하는 것보다 훨씬 빠릅니다. 10년 전을 생각해 보십시오. 그리고 앞으로 다가올 10년을 상상해 보십시오. 기업의 혁신 노력으로 미래의 10년은 더 빠르게 가속도가 붙을 것입니다. 옛날의 성공 방식이 앞으로는 통하지 않는다는 것은 자명한 사실입니다. 유연한 대응이 필요합니다. 그래야 변화에 빠르게 대응해 성과를 창출할 수 있습니다.

- 변화의 힘은 긍정의 믿음에서 나옵니다. 변화해야 합니다. 기업이든 개인이든 살아남기 위해서 환경 변화에 적응하고, 또한 교육을 통해 변화해야 합니다. 교육은 변화를 이끄는 강한 동기 부여와 정보를 주는 살아 있는 '황금 어장'입니다.

- 성과는 고객과 환경에 따라 계속 변한다는 것을 잊지 말아야 합니다. 성과는 항상 그 자리에 머물게 하지 않습니다. 미래 성과의 최대 적은 '머물러 있는 오늘'입니다. 변화를 주저하지 마십시오. 성과를 낚는 공식과 방법은 계속 변하고 있습니다.

- 사춘기 아들이 엄마하고 티격태격합니다. 자세히 들어 보면 큰일도 아닌 일을 자주 반복합니다. 아들하고 야구장 가는 차에서 얘기를 했습니다. "후원회장 겸 응원단장인 엄마를 천사로도 만들고, 성난 호랑이로도 만드는 사람이 누군지 알아?" 아들이 눈치를 챈 것 같았습니다. "그건 바로 너야. 너의 말과 행동이 엄마를 천사로도, 호랑이로도 만들 수 있어." 대부분의 사람들은 남이 먼저 변하기를 원합니다. 다른 사람을 변화시키고 싶다면, 나부터 변화해야 합니다. 그래서 변화에는 아름다운 용기가 필요합니다.

- 주변의 변화에 안테나를 높이 세워야 합니다. 그리고 예민하게 반응하여 좋은 것을 빠르게 받아들여야 합니다. 성과의 고기는 항상 살아 움직이고 있습니다. 계속 같은 곳에 그물을 치고 움직이지 않는다면 성과의 고기를 잡을 수 없습니다.

- 낯섦과 익숙함의 차이가 무언인지는 잘 알 것입니다. 익숙한 길은 가다 그만 지나치는 경우가 많지만, 낯선 길은 꼼꼼하게 미리 준비해 실수하는 경우가 많지 않습니다. 습관에 의한 익숙함을 멀리하기 위해 오늘은 다른 길로 걸어가 보거나 다른 방법으로 이동해 보십시오. 그럼 주변의 소리와 변화에 더 귀를 쫑긋 세우고, 눈을 크게 뜨고 바라볼 것입니다. 기계적인 반복에서 벗어난 변화는 새로움을 동반해 활력을 줍니다. 생동감을 유지하고 싶다면 변화를 해야 합니다.

- 새지만 날지 못하는 펭귄, 아이들에게 펭귄이 새처럼 나는 모습을 보여 주고 싶었던 아사히야마 동물원의 사육사와 직원들은 새로운 펭귄관을 위해 아이디어를 모았습니다. 그들은 투명 아크릴을 이용해 펭귄들이 푸른 하늘을 배경 삼아 유유히 헤엄치게 만들었고, 동물원은 곧 세계적인 관광 명소가 되었습니다. 똑같은 사고의 틀에서 벗어나려면 다른 관점, 다른 방향에서 문제를 바라봐야 합니다. 그래야 새로운 것을 볼 수 있습니다.

4.
지혜를
주는
한마디

지혜

: 흔들릴지언정 무너지지 않는 지혜

성과를 만드는 핵심은 무엇입니까? 그건 바로 '사람'입니다. 인공지능이 인류에게 도전장을 내밀고 있는 현실 속에서 결국 사람이 기업의 중심이고 자산이며, 사람이 미래의 유일한 희망이고, 사람만이 기적을 만들 수 있기 때문입니다. 이렇듯 가장 중요한 사람, 그리고 사람과 사람 사이의 관계, 삶과 직장 생활에 필요한 지혜를 이 장에 담아 놓았습니다.

직장에서 가장 힘든 것은 직원들과의 관계입니다. 직장 내 원만한 관계가 유지된다면 성과를 올리기가 훨씬 쉬워집니다. 그러나 직장과 삶 속에서 관계가 원만하지 못하면 작은 충격에도 쉽게 상처가 나고 몸살을 앓게 됩니다. 살아 있는 모든 것들은 서로 기대며 살고 있고, 원만한 삶과 성과를 위해 슬기로운 지혜가 필요합니다.

지혜는 옳고 그름을 판단하는 힘입니다. 즉, 해야 할 일과 해서는 안 될 일을 현명하게 판단하는 능력으로, 삶의 방향을 알려 주는 나침반이며 등대입니다. 우리는 매일, 순간순간 지식이 아닌 지혜를 구해야 합니다. 그 이유는 지혜는 삶을 풍요롭게 하는 비법을 알려 주기 때문입니다.

행복은 사람과의 관계에 있습니다.
삶 속에서 가장 행복한 순간은
사람과의 관계 속에서
나라는 존재의 가치를
인정받을 때입니다.

- 무언가를 이루기 위해 중요하게 챙겨야 하는 것, 그건 바로 '건강' 입니다. 사람들이 가장 갖고 싶어 하는 것 3가지는 건강, 성공, 행복입니다. 그중 가장 중요한 것이 바로 건강입니다. 어떤 전문가는 건강이 행복과 큰 관계가 없다고 하는데 전혀 그렇지 않습니다. 건강은 모든 것에서 가장 중요한 기본입니다. 그러나 사회인들은 건강과 성과를 바꾸고 있습니다. 직장은 나의 건강을 챙겨 주지 않습니다. 건강은 나 스스로 챙겨야 합니다. 오늘부터 나의 지상 최대의 과제, 건강 챙기기 프로젝트를 진행해 보십시오. 어디론가 숨어 버린 웃음을 찾고, 스트레스와 과식을 멀리하며, 운동을 통해 몸무게를 줄여 건강을 챙겨야 합니다. 지식은 빌릴 수 있어도 건강은 빌릴 수 없습니다.

- 야구를 보러 간 날이었습니다. 야구장 근처에서 치킨을 주문하고 기다리는데, 50대 초반쯤으로 보이는 사장님의 얼굴이 싱글벙글합니다. 그 이유를 물었더니 갑자기 휴대폰을 꺼내 제게 보였습니다. 태어난 지 얼마 안 된 딸아이의 사진을 넘기는 사장님의 얼굴이 타고난 외모를 가진 연예인보다 더 환했습니다. 살면서 그렇게 기쁘고 밝게 웃는 분은 처음 봤습니다. 그 순간만큼은 세상 그 누구보다 행복해 보였습니다. 가족은 그렇게 두 주먹, 두 발에 힘을 줍니다. 나를 열정적으로 만들어 주는 것은 무엇입니까?

- 거친 태풍에는 휘어지는 나무만이 생존할 수 있습니다. 늘 겸손한 사람이야말로 직장과 사회에서 나만의 지원군, 아군을 만들어 바라는 일을 지속적으로 할 수 있습니다. 겸손해질 수 있는 방법은 나보다 못한 사람이 없다고 생각하면 됩니다.

- 미국 서부 고지대에 있는 세쿼이아 공원은 자주 강풍이 몰아칩니다. 그런데 강풍을 견디지 못해 뿌리째 뽑히는 무수한 나무들 사이에서 세쿼이아 나무만은 끄떡없습니다. 이유가 무엇일까요? 그건 바로 뿌리들끼리 뒤엉켜 지탱해 주고 있기 때문입니다. 또한 남극의 펭귄은 영하 70도에도 서로의 체온으로 이겨 냅니다. 세상에 혼자 잘나서 성공한 소위 '독불장군'은 없습니다. 부서와 부서, 사람과 사람 속에서 돕고 기대며 서로 성장하고 성과를 만들어 내는 것입니다.

- 인간관계는 태양과 사람 사이의 거리처럼 적절한 안전거리가 필요합니다. 너무 가까우면 뜨겁고, 너무 멀면 살 수 없듯 적절한 거리 유지가 필요합니다. 이것이 인간관계에서 가장 큰 기본입니다. 또한 관계의 첫걸음은 상대방에게 도움을 주는 것입니다. 이는 협상에서도 중요한 요소입니다. 협상은 내가 무엇을 해 줄 수 있느냐보다 상대방이 정말 무엇을 중요하게 원하는지 파악하는 것이 중요합니다. 협상은 내 입장이 아니라 상대방의 눈을 통해 봐야 온전히 볼 수 있습니다. 상대방을 먼저 생각하는 배려와 전략, 그리고 관계라면 서로 도움을 주고받는 협상도, 인간관계도 원만해질 것입니다.

- 원만한 관계를 지속적으로 유지하는 하나의 방법은 진심을 담아 있는 그대로 상대방이 듣고 싶은 칭찬을 하는 것입니다. 칭찬은 바보도 천재로 만들 수 있는 기적 같은 힘이 있습니다. 한마디로 귀로 먹는 보약입니다. 그리고 칭찬은 만족할 만한 성과에 이자까지 쳐서 되돌아옵니다. 칭찬은 가성비가 아주 뛰어난 최고의 히트 상품입니다. 동기 부여에 가장 효과적인 도구는 바로 진심이 담겨 있는 칭찬이라는 것을 잊지 말아야 합니다.

- 충고보다 따뜻한 이해와 관용이 생산성 향상, 즉 성과에 훨씬 효과적입니다. 혹 질책이나 부정적인 말을 했다면 반드시 칭찬이나 격려의 말로 마무리를 해야 합니다. 그 이유는 사람은 항상 끝의 잔상을 오래 기억하기 때문입니다. 더불어 칭찬과 격려는 성과를 올리는 열매의 씨앗입니다.

- 이청득심(以聽得心), 귀 기울여 경청하는 일은 사람의 마음을 얻는 최고의 지혜라고 했습니다. 귀를 열면 실속을 챙길 수 있고, 입을 열면 화를 부를 수 있습니다. 상대방의 마음을 잡고 싶다면 먼저 마음을 열고, 넓고 깊게 경청을 하십시오. 경청은 집중하고, 인정하며, 반응하는 것입니다. 인간관계의 출발은 경청이고, 경청이 소통을 만들어 냅니다. 경청은 배려를 넘어 전략입니다.

얼굴과 낙하산의 공통점은
펴야 한다는 것입니다.
하루를 웃는 얼굴로 시작하십시오.
안 될 일도 술술 잘 풀릴 것입니다.

- 직장 내 인간관계는 이직의 가장 큰 원인 중 하나입니다. 이는 회사의 생산성에도 중요한 영향을 미치는데, 그 이유는 혼자서 목표 달성을 할 수 없어 인간관계가 나쁘면 업무 성과가 떨어지기 때문입니다. 상사와 선후배 간의 관계 등, 인간관계로 인한 갈등은 끝이 없습니다. 왜냐면 사람 사는 곳에는 드러나지 않는 이기주의자들이 늘 갈등을 일으키기 때문입니다. 관계가 원만하지 못하면 행복할 수도 없습니다. 여기서 한 가지 기준점을 제시하고자 합니다. 그건 다른 사람은 나와 '다르다'입니다. 다른 사람을 보는 시선의 출발점이 '틀림'이 아니라, '다름'에서 시작한다면 '역지사지(易地思之)'의 마음으로 타인을 볼 수 있습니다. 마음을 열고, 경청을 통해 오해하지 말고 이해하는 마음을 가져야 합니다. 또한 사람과의 관계는 정치나 전쟁처럼 상대방을 쓰러트려야 결론이 나는 것이 아닙니다. 그렇기 때문에 상대방의 약점과 상처를 건드려서는 절대, 절대 안 됩니다.

- 책 『한때 소중했던 것들』에 나오는 이야기입니다. 30년 가까이 약국을 운영한 한 어르신은, 다양한 사람들을 만나며 조제한 약을 건넬 때 이런 생각을 한다고 합니다. "대부분 사람은 기운으로 사는 게 아니라 기분으로 살아가는 것 같다는 생각이 들어요. 우린 의기소침한 누군가에게 '기운 좀 내!'라고 말하지만, 정작 삶을 이끄는 것은 기운이 아니라 기분이 아닐까 싶어요." 이 글을 읽고 저는 저의 지혜 지갑 속에 꼭 넣고 싶었습니다. 맞습니다. 성과라는 비탈진 산을 오르는 데 필요한 것은 기운을 만들어 내는 기분일지 모릅니다. 그럼 어떻게 하면 기분이 좋아질까요? 가장 우선해야 할 것은 '나를 먼저 사랑하는 것'입니다. 그리고 지칠 때 나를 보듬어 주는 나의 가족과 좋은 시간을 함께하는 것입니다. 만약 가까운 가족이 지금 없다면 좋은 음악, 영화, 음식, 여행, 산책 등 기분을 끌어 올리는 나만의 방법을 꼭 만들어야 합니다. 그래야 연료가 바닥나고 삐걱거릴 때 기분 정류장에 들러 충분히 충전하고 다시 성과의 정글 속으로 들어갈 수 있습니다. 좋은 컨디션, 기분을 유지한다면 힘들다고 놓아 버린 성과도 거뜬히 다시 들어 올릴 수 있습니다.

- 아들의 같은 반 학부모님을 아파트 엘리베이터 앞에서 만났습니다. 먼저 제가 반갑게 인사를 했는데, 그분은 저를 잠시 알아보지 못했습니다. 그 이유는 아웃도어나 캐주얼을 입었을 때만 보고, 정장 입은 모습을 처음 봐서 몰라봤다는 것이었습니다. 옷이 사람까지 혼동을 주는가 봅니다. 이처럼 옷은 그 종류에 따라 사람을 달리 보이게 합니다. 그래서 '패션도 전략'이라는 말이 있습니다. 옷을 잘 입으면 자신감이 생깁니다. 옷 입는 것도 신경 써야 합니다. 비싼 옷으로 자신을 포장하라는 것이 결코 아닙니다. 다른 사람한테 잘 맞는 옷이 아니라, 자신한테 잘 어울리는 옷을 입어야 한다는 것입니다. 그 이유는 같은 옷이라도 사람에 따라 다른 느낌이 나기 때문입니다. 유행을 따르기보다는 본인에게 어울리는 옷과 색을 찾기 바랍니다.

- 사람은 누구나 좋은 첫인상을 심어 주려고 노력합니다. 그 이유는 첫인상은 다시 돌리기도 어렵고, 오래도록 기억에 남기 때문입니다. 첫인상으로 단 몇 초 만에 사람을 평가하는 데 비해, 잘못된 첫인상을 돌리기 위해서는 몇 배의 노력이 필요합니다. 그래서 첫인상이 중요합니다. 새로운 만남에는 늘 부담이 따릅니다. 상대방을 생각하며 좋은 첫인상을 위해 단정한 헤어스타일, 표정, 옷, 매너 있는 자세 등 멋진 첫인상을 위해 준비해 보십시오.

- 상대를 존중하는 매너 있는 사람은 늘 호감을 불러옵니다. 상대를 향한 멋진 미소는 관계 형성에 윤활유 역할을 하며, 상대를 위한 따뜻한 배려이기도 합니다. 세계에서 가장 잘 팔렸던 히트 상품이나 성공했던 상품의 공통점은 바로 '매력'이 있었습니다. 나의 차별화 전략과 매력을 멋진 미소로 만들어 보십시오. 잊지 마십시오. 메이크업의 마무리는 '멋진 미소'라는 것을.

리더에게 가장 필요한 것은
'무신불립(無信不立, 믿음이 없으면 설 수 없다)'의
정신입니다.
믿지 못하면 따르지 않습니다.

- 리더는 장작불에 불을 붙이는 사람입니다. 그리고 그 불이 잘 탈 수 있도록 바람을 불어 주는 역할을 하는 사람입니다. 그 바람은 경청을 통한 공감이며, 신뢰를 통해 성과를 달성할 수 있는 환경과 분위기를 조성하는 것입니다. 리더는 구성원들이 성과를 창출할 수 있도록 도와야 할 책임이 있고, 모든 사람이 납득할 수 있도록 공정하게 성과를 평가할 수 있어야 합니다. 그래서 리더는 중요한 사람입니다.

- 손을 움직이면 20~30%, 머리를 움직이면 40~50%, 가슴을 움직이면 100~200%의 능력을 끌어낼 수 있다고 합니다. 리더로서 구성원들의 마음을 움직이게 하는 방법은 다양하게 있습니다. 그중 가장 효과적인 방법은 구성원과 함께한다는 믿음을 주는 것입니다. 비가 왔을 때 우산을 받쳐 주는 것이 아니라 함께 비를 맞는 것, 이것이 바로 구성원들과 동행하는 것입니다.

- 성과를 올리는 가장 효과적인 방법은 '인정'입니다. 사람은 누구나 다 인정받길 원하며, 인정받는 사람 편에 서게 되고, 나를 알아주는 사람에게 관심과 호감을 베풀기 마련입니다. 구성원들에게 격려의 말과 함께 인정을 해 주십시오. 인정은 응원, 격려와 함께 돈 안 드는 가장 효과적인 동기 부여입니다.

- 모욕적인 발언으로 직원을 질책하고 자극해서 성과를 올리려는 생각은 버려야 합니다. 수많은 관리자들은 말합니다. 정확한 피드백을 통해 일에 더 집중할 수 있도록 도와주어야 더 높은 성과를 올릴 수 있다고. 질책보다 잘할 수 있다는 칭찬과 용기를 주는 따뜻한 한마디가 성과를 더 높일 수 있습니다.

- 라즐로 복(전 구글 인사 부문 수석 부사장)은 리더는 직원들과 자주 대화하고, 직원들의 삶과 경력에 관심을 가져야 한다고 말했습니다. 맞습니다. 리더는 직원들에게 관심을 가져야 합니다. 따뜻한 커피 한잔을 통해 때론 위안을 주고, 늘 열린 마음으로 소통하고 관심과 배려의 마음을 갖는다면, 그 리더는 기업의 목표를 달성할 수 있습니다. 직원들의 행복에 관심을 갖고 마음을 읽는 리더가 되십시오. 나 혼자 잘난 척하는 리더는 직원들이 원하지 않습니다.

- 남극의 펭귄들은 사냥을 하는 데 있어 바다로 뛰어드는 것을 두려워합니다. 하지만 펭귄 한 마리가 먼저 용기를 내서 뛰어들면 나머지 무리도 따라서 들어갑니다. 먼저 뛰어드는 이 펭귄을 '퍼스트 펭귄(First Penguin)'이라고 합니다. 리더라면 퍼스트 펭귄처럼 말이 아닌 행동으로 먼저 보여 줘야 합니다.

- 리더의 말을 직원들이 잘 따르지 않는 중요한 이유 중 하나가 무엇인지 아십니까? 그건 근본적으로 리더가 '싫기' 때문입니다. 회사가 부여한 평가 권한이라는 무기가 전부가 아니라는 것을 잊지 말아야 합니다.

- 일본의 한 초등학교 체육관에서 전교생이 모여 운동회를 하고 있었습니다. 뜀틀 시간에는 반별 대표가 뛰었는데, 그중 압도적인 실력을 자랑하는 한 학생이 있었습니다. 대부분 5단을 넘지 못했는데 그 학생은 9단까지 뛰어넘어 전체 학생의 주목을 받았습니다. 전교생이 숨죽이며 지켜보는 가운데 10단에 도전했습니다. 실패, 또 실패, 최선을 다한 세 번째도 실패였습니다. 10단은 무리였습니다. 아쉬움에 눈물을 흘리고 있는데, 갑자기 반 친구들이 모두 나와 그를 둘러싸고 어깨동무를 하며 응원을 하기 시작했습니다. 용기를 얻은 그 친구는 10단에 다시 도전을 했고, 거짓말처럼 멋지게 10단을 넘었습니다. (『좋은 것으로 채워주리라』, 김장환, 나침반, 2017) 마라톤 선수들은 혼자 달릴 때보다 시민들이 환호하며 응원할 때 성적이 더 좋았습니다. 이것을 '관중 효과'라고 합니다. 스포츠에서만 응원의 힘이 필요한 것이 아니라 조직에서도 응원이 필요합니다. 리더라면 조직에 활력을 불어넣기 위해 칭찬을 통한 응원의 말이 필수라는 것을 잊어서는 안 됩니다. 또한 성과로 인해 거친 숨을 몰아쉬고 있는 직원들에게 할 수 있다는 용기를 주는 멋진 말도 해야 합니다.

- 리더가 갖춰야 할 것 중 빠지지 말아야 할 것이 있습니다. 그건 어떠한 경우에도 공정해야 한다는 것입니다. 공정성이 얼마나 중요한지 한 예를 들어 보겠습니다. 2016년 리우올림픽 양궁 국가 대표는 최초로 전 종목을 석권했습니다. 세계의 도전 속에서 흔들리지 않고 계속 절대 강자로 자리 잡을 수 있었던 이유는 바로, 대표 선발의 공정성과 끊임없는 혁신이었습니다. 학연, 지연, 추천, 봐주기 등 외부의 개입 없이 오직 실력으로 공정하게 평가하니 선수들도 더 열심히 하고, 더 강해졌습니다. 그것을 양궁협회는 잘 알고 있었습니다. 물론 그들도 흔들릴 때가 있었습니다. 2012년 대표 선발 최종전이 끝나고 협회는 고민에 빠졌습니다. 최현주 선수가 극도의 부진에 빠졌기 때문입니다. 그러나 그들은 고심 끝에 최현주 선수를 출전시켰습니다. 메달을 포기하더라도 '공정'의 원칙을 지켜야 한다는 것입니다. 최현주 선수는 런던올림픽 여자 단체전에서 최고의 활약으로 한국에 금메달을 안겼습니다. 그들은 메달에 타협하지 않고 원칙을 지켜 냈습니다. 공정이라는 단어의 무게가 얼마나 무겁고 엄중한지 리더들은 반드시 기억해야 합니다.

성과는
내가 얻고자 노력하는 만큼
얻을 수 있습니다.
결국 성과라는 녀석은
내가 마음먹은 만큼만 허락합니다.

- 삶에서 가장 중요한 것은 나를 발견하는 것입니다. 나를 직시하지 않으면 해결될 문제는 없습니다. 나를 정확히 알아야 원하는 방향으로 잘 갈 수 있습니다. 세상의 모든 기적은 내 안에서 시작되는 것입니다.

- 나의 짐을 다른 누가 대신 질 수 없고, 나의 장애물은 내가 움직여야 치울 수 있습니다. 결국 나만이 해낼 수 있습니다. 내가 아니면 그 어디에서도 답을 찾을 수 없습니다. 모든 답은 내가 갖고 있습니다.

- 평탄하지 않은 길에는 중요한 교훈이 있듯, 신은 우리에게 감당할 수 없는 시련은 처음부터 주지 않습니다. 갑자기 나타난 과속방지턱으로 인해 넘어져도 훌훌 털고 일어나야 합니다. 그 이유는 나는 가장 저평가된 우량주이기 때문입니다.

- 자기 계발의 성공 전제는 다름 아닌 나 자신을 알고 설득하는 것입니다. 나도 이기지 못하면서 어떻게 남과 경쟁해 좋은 성과를 만들어 내겠습니까? 남이 나를 유혹하는 것이 아니라 내가 나를 유혹하고 있음을 깨달아야 합니다.

- 우리가 사는 사회는 결코 청정한 지역이 아닙니다. 주변은 온통 달콤한 유혹으로 가득 차 있어, 올바르지 않은 일에 스스로 저항하고 차단하는 노력을 게을리하지 말아야 합니다. 올바른 눈을 갖기 위해 자기 계발이 더 필요한 때입니다. 나를 성장시키는 것은 나 자신입니다.

- 열등감과 패배 의식, 비교의 칼로 인해 상처 난 가슴으로는 절대 행복을 찾을 수 없습니다. 나를 사랑하고, 나를 좀 더 안아 주며 가장 나다운 모습을 찾을 때, 내면에 흔들리지 않는 깊은 뿌리를 내릴 수 있습니다. 있는 그대로의 나를 사랑하십시오. 세상에서 가장 사랑받아야 할 사람은 바로 나 자신입니다.

- 스탠퍼드대학의 알버트 반두라 교수는 학생의 자신감이 학업과 시험에 미치는 영향을 연구했습니다. 그 결과, 자신감을 가진 학생은 어떤 과제도 성공적으로 풀어 갈 능력이 있다고 믿는 '자기 효능감'을 갖고 있는 것을 알아냈습니다. 자신감은 문제에 정면으로 대항하며 적극적으로 움직이게 합니다. 어깨를 펴고 자신감을 가지십시오. 나라는 사람은 정말 특별하고, 바라만 보아도 아름다운 사람입니다.

- 곳곳이 지뢰밭입니다. 위기의 총구는 점점 나를 향하고 있습니다. 어려움의 연속입니다. 힘든 상황이 닥치면 어떻게 해야 할까요? 답은 나 자신에게 본질적인 질문을 자주자주 던지는 것입니다. 답은 멀리 있지 않고 나와 내 주변에 항상 있습니다. 중요한 것은 나는 분명히 이겨낼 수 있다는 것입니다.

- 계룡산, 속리산을 등산할 때면 산을 잘 타는 분들을 보게 됩니다. 순간 '따라가 보자!' 하고 쫓아가다 얼마 지나지 않아 그만 탈이 나곤 합니다. 사람의 체력은 저마다 모두 다릅니다. 나한테 맞는 보폭과 속도로 가야 낙오하지 않고 정상까지 갈 수 있습니다. 부러우면 진다는 말이 있습니다. 다른 사람을 부러워하지 마십시오. 나는 나입니다.

- 에머슨은 『자기 신뢰론』에서 이렇게 말합니다. "나에게 평안을 주는 것은 다른 사람이 아니라 바로 나 자신이다." 나의 마음이 어떤 일에 가속을 붙일 수도, 제동을 걸 수도 있습니다. 성과에 시동을 걸어 보십시오. 달릴 일만, 더 높이 날 일만 남았습니다.

- '살다'의 Live를 뒤집으면 Evil로 '죄'를 의미합니다. 현재에 충실하지 않고 대책 없이 사는 것은, 미래의 나에게 죄를 짓는 것입니다. 힘에 부치더라도 자신을 격려하며 순간순간마다 달콤한 유혹을 이겨 낸다면, 머지않아 부끄럽지 않은 또 하나의 멋진 나를 보게 될 것입니다.

권투 헤비급 챔피언 잭 뎀프시는
"챔피언은
자신이 일어설 수 없다고 느낄 때도
결국 일어서는 사람이다."라고
말했습니다.
진정한 성과자는
안 넘어진 사람이 아니라
다시 일어나는 사람입니다.

- 일이란 무엇입니까? 혹시 괴롭고 힘든 거라고만 생각하십니까? 일은 평생 삶을 같이해야 할 동반자이자 행복의 샘터입니다. 일이 있어서 건강할 수 있고, 일이 있어 물질적인 혜택을 누리며, 일이 있어 가족에게 떳떳합니다. 어찌 보면 일은 삶의 이유입니다. 일은 행복에서 가장 필요한 건강, 물질, 나의 가치를 모두 포함하고 있습니다. 지금 하고 있는 일을 조금 더 사랑하십시오. 성과를 높이는 최선의 길이 아닐지라도 분명 차선의 길은 됩니다.

- 자기 계발이 중요한 이유는, 자기 계발이 없다면 오늘의 내가 그대로 미래의 나가 되기 때문입니다. 또한 변하고 있는 세상 속에 퇴보하고 말 것입니다. 자기 계발은 이제 생존의 필수 조건이 되었습니다. 나를 스스로 돌보고 다듬으십시오. 별처럼, 다이아몬드처럼 빛날 것입니다.

- 직장 생활의 아픔으로 뜬눈으로 밤을 지새운 적이 한두 번이 아닙니다. 힘없는 목소리는 마른 장작처럼 갈라집니다. 세상에서 가장 넓은 곳은 사각의 링입니다. 피해도, 피해도 도망갈 곳이 없는 링. 직장은 권투의 사각 링 같습니다. 그곳에서 벗어나는 방법은 상대방과 맞서 싸우는 길밖에 없습니다. 힘내십시오.

- 미국항공우주국 나사의 아폴로 11호 우주 비행사 채용 때 아무리 스펙이 좋은 사람이라도, 인생에서 중대한 실패 경험이 없는 후보자는 탈락시켰습니다. 실패 없이 성공한 사람보다 실패를 극복한 경험을 가진 사람이 진정 강하다는 것을 나사는 분명히 알고 있었습니다. 실패를 딛고 일어선 사람만이 진정 성공의 참맛을 알 수 있습니다.

- 누구에게나 찾아오는 슬럼프, 하지만 꼭 넘어야 하는 것도 슬럼프입니다. 슬럼프에는 3가지 특징이 있습니다. 누구나 다 겪고, 피할 수 없으며, 노력에 의해 반드시 끝난다는 것입니다. 슬럼프의 늪에서 빨리 탈출하는 것이 성과를 높이는 또 하나의 방법입니다.

- 육상 종목 중 허들 경기가 있습니다. 같은 높이의 장애물을 놓고 누가 결승점에 빨리 도착하는지를 가리는 경기입니다. 허들을 모두 넘어야 온전히 결승점을 통과할 수 있습니다. 삶과 직장도 이 허들 경기와 비슷하지만 조금 다른 게 있습니다. 허들의 높이는 일정하지만 삶과 직장에는 높낮이가 다른 다양한 장애물들이 늘 있다는 것입니다. 오늘도 뛰어넘어야 할 것들이 많습니다. 건강, 가족, 직장, 금전, 대인 관계 등. 그러나 처음부터 넘지 못할 허들은 신이 허락하지 않았습니다. 힘내십시오. 고난은 넘어지라고 있는 것이 결코 아닙니다.

- 봄의 꽃이 더 아름다운 건 겨울의 고통을 견디고 이겨 냈기 때문입니다. 살아 있는 모든 것은 성장할 때 비로소 그 존재 이유가 있습니다. 성과를 위한 진통은 곧 성장하고 있다는 증거입니다.

- 현실을 왜곡하지 않고 냉정하게 나를 들여다보고 있으면, 험난한 길의 연속일 수 있습니다. 어려울 때는 왜 그렇게 안 좋은 일이 연이어 발생하는지, 인생의 한복판에 덩그러니 혼자 있는 느낌입니다. 사람이 그리운 게 아니라 사람을 마주하는 것이 싫을 때가 감기처럼 잊을 만하면 나타나곤 합니다. 그럴 때마다 '모든 것은 다 지나간다!'라는 말을 기억해 보십시오. 내가 원하든, 원하지 않든 모든 것은 다 지나갑니다. 지나가면 다시 새 힘이 솟아납니다.

무엇을 얻기 위해서는
반드시 대가를 지불해야 합니다.
세상에 공짜는 없습니다.

• 늦은 가을, 산책 중 바람이 제법 강하게 불었습니다. 덕분에 힘겹게 버티고 있던 나뭇잎들이 바닥에 우수수 떨어졌습니다. 그때 이름 모를 새가 겨울을 나기 위해 나무 위에 둥지를 만들고 있었는데, 잠시 후 바람의 힘을 이기지 못하고 둥지는 망가지고 말았습니다. 그런데 웬일인지 새는 아랑곳하지 않고 다시 나무를 주워 열심히 둥지를 만들었습니다. '날씨가 좋지 않은데 왜 저렇게 열심히 둥지를 만들까?' 하는 생각이 들었습니다. 얼마 후 『언어의 온도』라는 책을 읽으면서 저는 답을 알게 되었습니다. 일부 조류는 튼튼한 둥지를 만들기 위해 날씨가 좋지 않은 날을 택해 둥지를 짓는다는 것입니다. 사람도 마찬가지입니다. 직장과 삶에서 어려움을 이겨 내는 사람이 튼튼한 나만의 집을 만들 수 있습니다. 한고비, 한고비만 넘어 보십시오. 누구도 이길 수 없는 단단한 내가 될 것입니다.

- 저마다 스트레스 해소 방법이 하나둘 정도는 있어야 합니다. 성과라는 높은 산을 올라가는 도중 스트레스 때문에 체력 저하가 되지 않도록 건강관리를 잘해야 합니다. 술, 영화, 음악, 음식 등 스트레스를 풀 수 있는 방법이 다양하게 있습니다. 그중 내가 좋아하는 것에 몰입하고, 하고 싶은 것에 집중하면, 회사에 관련된 업무적인 스트레스가 점점 줄어드는 것을 느낄 수 있습니다. 건강을 챙기고 유지하기 위해 나만의 스트레스 해소 비법을 마련해야 성과의 가파른 산을 오를 수 있습니다.

- 스트레스를 줄이는 방법은 여러 가지가 있습니다. 그중 지나간 과거에 얽매이지 않는 것도 한 방법입니다. 실패한 과거는 부정적인 생각을 더 많이, 더 깊숙한 곳에 저장하기 때문에 과거를 빨리 잊는 것도 스트레스를 줄이는 방법입니다. 나를 위해, 소중한 나를 위해 잊는 것입니다.

• 건드리고 자극할수록 커지는 것은 바로 '화(火)'입니다. 사회와 직장, 고객과 거래처 직원들을 만날 때마다 내 맘 같지 않다는 것을 느낄 때가 있습니다. 그렇지만 이해해야 합니다. 세상의 모든 사람들은 자라 온 환경, 교육, 경험 등이 모두 달라 똑같은 상황이라도 다르게 해석하기 때문입니다. 삶도, 사람도 전부 '버라이어티'합니다. 그저 다름을 인정하면 됩니다.

• 건강하기 위해서는 두 가지, '스트레스'와 '화'를 잘 다스려야 합니다. 특히 욱하는 화를 잘 참지 못하면 그 화는 타인과 자신을 다치게 하는 칼날이 되어 다시 돌아온다는 것을 잊지 말아야 합니다. 힘든 순간, 5초만 참아도 화를 면한다고 합니다. 억지로 누르면 계속 화가 올라옵니다. 그럴 땐 몇 번의 큰 호흡을 통해 순간을 넘기거나 그 자리를 빨리 벗어나야 합니다. 고비를 잘 넘기는 자가 결국 승자가 됩니다.

• 행복은 저축하는 것이 아닙니다. 아끼지 말고 지금 행복을 찾아 누리십시오. 성공해서 행복한 게 아니라, 행복해서 성공한 것입니다. 내가 행복하겠다고 결심한 만큼 행복합니다.

- 콩나물은 물을, 연예인은 인기를, 기업은 성과가 있어야 살 수 있습니다. 기업의 존재 이유는 이익을 만드는 데 있습니다. 직접 성과를 올리는 부서가 아니더라도, 성과에 적극적으로 도움을 줄 수 있는 일에 초점을 맞춰야 합니다.

- 성과를 올리는 사람은 원하는 결과를 얻기 위해 다른 방법을 사용하고, 그렇지 않은 사람은 원하는 결과를 얻기 위해 같은 방법을 사용합니다. 매번 같은 방법으로 다른 결과를 얻을 수 없습니다.

- 성과는 곧 실력입니다. 스펙과 인간관계, 사내 정치를 한 번에 집어삼킬 수 있는 필승 카드는 성과를 내는 것입니다. 기업의 경영자, 직원, 공무원 등 그 누구도 성과 앞에 자유로울 수 없습니다. 이처럼 성과의 숫자는 많은 의미를 담고 있습니다. 성과를 어떻게 바라보고 있습니까? 성과를 만드는 사람을 이길 수 있는 사람은 기업에 없습니다. 잔인하지만 성과는 현실이고, 비즈니스 세계에서는 불변의 법칙입니다.

기적은
이룰 수 있다고 생각하는 사람만이
이룰 수 있습니다.

- '근묵자흑(近墨者黑)'이라는 말은 먹을 가까이하다 보면 자신도 모르게 검어진다는 뜻입니다. 내가 진정 성과를 원한다면 성과를 올리는 사람과 가까이하십시오. 분위기가 사람을 만들고, 그 분위기가 나를 성과로 이끌고 나갈 것입니다.

- 회사에서 인정받는 사람은 상사가 보지 않아도 스스로 능동적으로 일하는 사람입니다. 마지못해 일하는 사람과 성과의 결과나 질이 같을 수 없습니다. 억지로 하는 일은 분명 한계가 있습니다. "하고 싶은 일에는 방법이 보이고, 하기 싫은 일에는 핑계가 보인다."는 필리핀 속담이 맞습니다.

- '끝날 때까지 끝난 게 아니다!' 식상할 수 있는 이 말은 스포츠에만 사용되는 것이 아닙니다. 한계를 스스로 정하지 마십시오. 끝까지 물고 늘어져 반드시 끝을 봐야 한다는 '끝장 정신'이야말로 고성과를 만들어 냅니다.

- 왜 사느냐를 묻는다면 그건 철학적인 질문일 것입니다. 그러나 기업에게 왜 일하느냐고 묻는다면 지극히 단순 명확한 답만이 존재할 것입니다. 그건 바로 '성과를 만들기 위해' 일하는 것입니다. 그 이외의 답은 존재하지 않습니다. 왜냐면 기업은 자선단체가 아니기 때문입니다.

- 낚시를 잘하기 위해서는 장비, 환경 등 여러 가지를 고민해야 하지만 가장 중요한 것은 바로 '인내'입니다. 성과도 마찬가지입니다. 성과를 올리고 싶다면 그에 맞는 노력과 인내의 대가를 지불해야 합니다. 간절히 원하는 것이 뚜렷할 때 인내가 길어집니다.

- 일본인들이 좋아하는 도쿠가와 이에야스는 '인내'와 '기다림'으로 대표되는 사람입니다. 철학자 에픽테토스는 "인생의 가장 중요한 법칙은 참을 줄 아는 것이고, 지혜의 절반은 인내에 있다."라고 했습니다. 나의 전성시대를 만들기 위해 준비하고, 인내하는 사람들에게는 기회가 반드시 옵니다. 조금만 더 참으면 됩니다.

- 프로야구 시즌이 끝나는 11월 중순부터 12월 사이에는 어김없이 FA(Free Agent, 자유계약)와 팀 이동이 생깁니다. 치열한 경쟁을 통해 1군 무대에 살아남아도 타 팀과의 시합을 통해 피할 수 없는 성적표를 받게 됩니다. 그해 성적을 바탕으로 다음 해 연봉이 수직 상승하는 선수가 있는 반면, 냉혹한 현실을 받아들여야만 하는 선수도 있고, 심지어 20대 나이에 방출되어 팀을 떠나거나 선수 생활을 정리하는 경우도 있습니다. 직장인과 사업가도 크게 다르지 않습니다. 프로의 성적이 직장, 사업에서는 성과입니다. 이처럼 성과는 보상금과 승진만을 말하지 않습니다. 성과는 삶의 뿌리를 흔들어 놓을 수 있습니다. 그만큼 중요합니다.

- 차량을 세차하기 전이나 먼 바다로 나가기 전에는 먼저 일기 예보를 확인합니다. 이처럼 일과를 시작하기 전에도 먼저 챙겨야 할 것이 있습니다. 그건 흩어져 있는 마음을 하나로 모으는 일, 즉 성과에 집중하는 일입니다.

- 꿈에는 유통기한이 없습니다. 열정도 마찬가지입니다. 그러나 지식에는 유통기한이 있습니다. 항상 배우지 않으면 낡아 버려질 수밖에 없습니다. 새로운 지식의 공급은 내면에 잠들어 있는 나를 깨우는 좋은 알람시계입니다. 나이가 있어도 배우고 있다면 늙을지언정 낡아지지 않습니다.

- 비행기가 이륙하기 위해 필요한 조건이 두 가지 있습니다. 첫 번째는 300km 이상 달려야 합니다. 두 번째는 1.8km 이상 되는 활주로가 있어야 합니다. 두 가지 중에 하나라도 없다면 비행기는 이륙을 할 수 없습니다. 이 두 가지가 성과에서 꼭 필요한 '목표'와 '실천'입니다.

남과 다른 성과를 얻기 위해선
반드시 달라져야 합니다.

- 세상에서 가장 현명한 사람은 늘 배우는 사람입니다. 배우는 동안 계속 성장하기 때문입니다. 음식이 육체를 살찌우듯 책은 지식과 영혼을 살찌우는 스승입니다. 책을 읽으십시오. 그리고 생각하십시오. 책은 나를 발전시킬 영양분이 충분히 들어 있는 종합 비타민이며, 성과를 올리는 방법을 알려 주는 지혜의 창고입니다. 책이 건강에도 관련이 있다는 좋은 예를 소개합니다. 미국 예일대학교 베카 레비 박사가 발견한 사실입니다. 50세 이상 3,500여 명을 대상으로 12년 동안 연구한 결과, 적어도 일주일에 3시간 30분, 대략 하루에 30분 독서를 한 사람들은 이른 시기에 사망할 위험이 20% 감소했다는 사실을 확인했습니다. 또한 독서는 다른 여러 곳에도 작용을 해 기억력 및 정신 건강을 잘 유지시켜 준다는 사실도 알아냈습니다. 뇌도 마찬가지입니다. 몸과 뇌는 규칙적인 활동이 부족하면 위험해집니다(『내 몸은 내가 지킨다』, 프레드릭 살드만, 박태신 옮김, 빅북, 2018) 책을 통해 건강도 지키고 지혜도 찾으십시오.

- 지식은 교육을 통해 얻을 수 있지만, 지혜는 그렇지 않습니다. 지혜는 직접 부딪치면서 경험을 통해 생기는 것입니다. 이때 경험을 통한 깊이 있는 생각의 숙성이 있다면, 최고의 지혜를 얻을 수 있습니다. 깊이 있는 생각의 힌트는 늘 책 속에 있습니다. 그래서 책을 가까이해야 합니다.

- 시야가 가장 넓은 동물은 말입니다. 말의 시야는 360도나 됩니다. 그러나 말의 시야가 넓다고 결코 좋은 것이 아닙니다. 주위가 산만하고 집중력이 떨어집니다. 독일 속담에 "여덟 가지 재주를 가진 사람은 한 식구를 구원하지 못하고, 한 가지 재주를 가진 사람은 여덟 식구를 보살핀다."라는 말이 있습니다. 많은 재주가 필요하지 않습니다. 내가 잘하는 하나에 집중하면 됩니다.

- 세상 모든 사람들에게 공평한 삶을 살게 해 줄 수 있는 신은 없습니다. 맞습니다. 세상은 불공평합니다. 출발선도 그렇습니다. 그러나 나의 노력과 열정으로 바꿀 수 있습니다. 그러기 위해서는 차별화가 필요합니다. 차별화는 버리고 집중하고 단순하게 만드는 것입니다. 나 자신과 치열하게 대화해야 진정한 차별화를 얻을 수 있습니다.

- 좋은 대학과 스펙이 좋은 출발선은 될 수 있습니다. 그러나 결승점 통과는 결코 보장하지 않습니다. 출발선이 조금 뒤에 있어도 꾸준함을 무기로 포기하지 않는다면, 누구나 분명 결승점에서 웃을 수 있습니다.

- 알렉산더 대왕이 동방 원정길에 올랐을 때 고르디아스에 들렀습니다. 이 도시에는 제우스 신전 기둥에 한 대의 짐수레가 단단히 묶여 있었습니다. 이 매듭을 푸는 사람이 아시아의 지배자가 된다는 전설이 내려왔는데, 정교하게 묶여 있어 그 누구도 풀지 못했습니다. 이 이야기를 들은 알렉산더는 단칼에 그 매듭을 베어 버렸습니다. (『The 희망』, 송진구, 책이있는마을, 2013) 남들보다 한발 더 나가고 싶다면 고정관념의 틀을 깨야 합니다. 다른 사람과 같은 생각, 같은 관점에서는 다른 생각을 얻을 수 없습니다. 당연함을 의심하십시오. 최소한 고정관념에서 멀어질 수 있습니다.

- 우리의 뇌는 즉각적인 만족을 추구하는 경향이 있습니다. 순간적인 쾌락과 유혹을 이겨 내지 못하고, 바람잡이들의 유혹에 자주 빠져드는 이유입니다. 하고 싶은 것을 다 하고 살 수는 없습니다. 유혹을 이겨 내는 나만의 확고한 철학이 있다면 유혹을 뿌리칠 수 있습니다.

- 사자는 포식 후 소화가 될 때까지 나무 그늘에서 며칠간 쉽니다. 그때 일반 파리보다 4배가량 큰 똥파리가 사자의 온몸을 귀찮게 합니다. 어쩔 수 없이 사자는 몸을 움직입니다. 덕분에 소화불량에 걸리지 않습니다. 듣기 싫은 말도 때론 나에게 도움이 된다는 것을 잊지 마십시오. 쓴 약이 몸에 좋습니다.

- 집을 그리다 보면 대개 지붕부터 그리게 됩니다. 그러나 현장에서는 지붕부터 올리는 집은 없습니다. 주춧돌, 기둥, 들보, 서까래, 지붕 순으로 공사를 합니다. 책상과 현장 사이의 간극을 줄이기 위해 소통을 해야 합니다. 그러기 위해서는 먼저 들어야 합니다.

인생에서 중요한 것은
돈과 명예가 아니라
'지금 후회하지 않는 삶을 살고 있는가?'에
대한 대답입니다.

- 현장을 중시하는 도요타의 삼현주의(三現主義)는 현장으로 가서, 현물을 보고, 현실을 알아야 한다는 의미입니다. 뭐든지 현장에서 이루어집니다. 항상 현장에 답이 있습니다.

- 이 세상에 존재하는 모든 것은 미래를 향해 가고 있습니다. 그러나 미래는 불확실해 어떻게 돌변할지 예측할 수 없습니다. 다만 미래를 내다보는 눈을 갖기 위해, 미래를 풍성하게 만들기 위해 지금 할 수 있는 일에 최선을 다하는 것입니다.

- 남부럽지 않게 살고 싶은 것이 사람의 본심인 것 같습니다. 그러나 그보다 우선시할 것은 '부끄럽지 않게 사는 것'입니다. 기업에서도 부끄러운 사람이 되지 않기 위해 노력해야 합니다. 그러기 위해서는 떳떳한 성과가 필요합니다.

- 태어나면서부터 직업이 정해지는 사람은 없습니다. 성장하면서 자신의 선택에 의해 직업이 결정되는 것입니다. 끈기와 인내, 노력과 훈련을 통해 나를 만들어 가는 것입니다. 나를 다듬고 만들어 가십시오. 자기 계발이 없다면 정지된 기차처럼 녹슬어 고철이 되고 맙니다.

- "노하기를 더디 하는 자는 용사보다 낫고, 자기의 마음을 다스리는 자는 성을 빼앗는 자보다 나으니라." (『성경』, 「잠언」, 16장 32절) 나의 마음을 다스리고 이겨 낸다는 것이 얼마나 어려운지 성경의 잠언은 말하고 있습니다. 유혹을 이겨 내고 나를 이기는 것, 이것이 바로 '자승최강(自勝最强, 자신을 이기는 사람이 가장 강한 사람이다)'입니다. 자승최강을 한다면 자기 계발의 최고의 경지에 오른 것입니다.

- 영국의 윌리엄 어니스트 헨리의 시 '굴하지 않는 자'의 마지막 부분입니다. "나는 내 운명의 주인이며, 나는 내 영혼의 선장이다." 맞습니다. 내 삶의 주인은 바로 나며, 내 영혼의 영화 속 주인공도 바로 나입니다. 또한 위기를 극복할 수 있는 사람, 내 인생을 끝까지 책임지고 끌고 갈 수 있는 사람, 내가 꼭 이겨내야 할 사람, 그 또한 나 자신입니다.

마무리하면서

한국 경제는 주변 경쟁 국가들 사이에 끼어 탈출구가 보이지 않는 어두운 터널로 들어섰고, 언제 터질지 모르는 지뢰밭에서 나를 보호해 줄 방패 하나 없이 하루하루를 보내고 있습니다.

우리는 혼란의 시대를 살아가고 있고, 기업은 생존을 위해 이제 더 치열하게 몸부림쳐야만 살 수 있는 환경으로 내몰렸습니다. 힘겹게 출근 문턱을 넘는 나를 발견할 때가 한두 번이 아닙니다. 눈빛은 점점 흔들리고 어깨는 좁아지지만, 냉철한 가슴과 현명한 머리로 지금 내 앞에 놓인 현실을 직시해야 합니다. 기업에 나는 필요한 존재인가? 나는 지금 성과를 올리고 있는가? 회사 그늘에 가려 불편한 성과에도 월급을 받고 있지는 않는지, 성과 앞에 나는 자유로운지 냉정히 나를 돌아봐야 합니다. 그 이유는 성과 없이 적당히 일하는 회사는 없기 때문입니다.

여러 번 말하지만, 성과 없이는 생존할 수 없습니다. 이 중요한 성과는 현장에서 묵묵히 성과를 위해 넘어져도 다시 일어났던 오뚝이 같은 용사들의 결과물입니다.

독자 여러분, 어떤 경우에도 내 삶을 대신 살아 줄 수 있는 사람은 없습니다. 내 인생의 주인은 바로 나입니다. 내 삶을 주도적으로 살기 위해 긍정적이고, 적극적인 생각으로 목표를 가지고 실천한다면, 직장과 개인 사업에서도 원하는 성과를 충분히 달성할 거라 확신합니다.

성과와 삶에 영향을 줄 수 있다는 믿음으로 정성을 다해 글을 썼지만, 독자분들께서 읽기만 하고 실행이 없다면 허공에 떠도는 영혼 없는 메아리에 불과할 것입니다. 그러니 부디 이 책의 어느 부분이 마음에 와닿았다면 실천을 통해 나의 것으로 꼭 만드십시오. 두드리지 않으면 열리지 않고, 시도하지 않으면 그 어떤 성과물도 만들 수 없습니다.

성과의 무거운 짐 때문에 낙심했을 때, 이 책이 성과를 만드는 희망의 통로가 되길 소망하며, 항상 기도하며 응원하겠습니다.

눈 내리는 하늘을 보며
박상규

성과를 통해
정상에 우뚝 서 있는
여러분의 그날을 기대합니다.